J'écris tout le temps

par besoin, par plaisir, par passion

L'ÉCRITOIRE

Jean-Marie Poupart

J'écris tout le temps

par besoin, par plaisir, par passion

essai

Leméac

Ouvrage édité sous la direction
de Marie-Josée Roy

Leméac Éditeur remercie le ministère du Patrimoine canadien, le Conseil des Arts du Canada, la Société de développement des entreprises culturelles du Québec (SODEC) et le Programme de crédit d'impôt du Gouvernement du Québec du soutien accordé à son programme de publication.

ISBN 2-7609-6058-7

4609, rue d'Iberville, 3ᵉ étage, Montréal (Québec) H2H 2L9
Dépôt légal – Bibliothèque nationale du Québec, 3ᵉ trimestre 2003

Imprimé au Canada

À Réjane Bougé,
sans qui ce livre dormirait encore
dans les limbes de mon cerveau

1

MÊME SI MON NOM figure dans les catalogues des éditeurs depuis un bon tiers de siècle, même si j'ai une trentaine de titres inscrits dans le registre informatique de la Bibliothèque nationale, j'ai réussi à préserver cette ardeur haletante, ce ton frondeur, cette insolence, cette liberté de style qui balaie en tornade les codes sacrosaints de la logique, cette fantaisie dont la charge explosive est entièrement soumise aux aléas de l'impulsivité. En somme, j'ai gardé intacte cette ferveur ingénue et mutine qui est le trait des néophytes. Je suis toujours à l'aise dans les pas du jeune homme qui, frais débarqué de sa campagne natale, palpitait au rythme de la ville, ébloui par l'attention dont il était l'objet à l'occasion de la sortie de son premier livre. « Claude Jasmin, à nous deux ! » Rembobinons le film et reprenons au ralenti cette séquence d'ouverture : yeux écarquillés, notre écrivain en herbe déboutonne sa veste, un blazer de velours grège acheté en solde la veille au Château, se masse l'épaule, se frotte les tempes et tente un instant de modérer sa respiration, partagé qu'il est entre son scepticisme de fils, petit-fils et arrière-petit-fils de cultivateurs et le ravissement qui embrase ses cellules nerveuses. « À nous deux, Hubert Aquin ! À nous deux, Marie-Claire Blais ! » À cinquante ans et quelques, je m'identifie encore tout naturellement à ce blanc-bec, à ce faux timide bouillonnant d'énergie[1]. Autant l'avouer d'entrée de jeu, je continue de me percevoir comme un auteur en train de parfaire sa formation. Dans ce contexte, cela ne m'alarme évidemment pas de constater que je n'ai pas livré aux lecteurs le meilleur de moi-même. Patience... Mon heure viendra car l'avenir m'appartient.

J'observe la cohorte des confrères dont l'existence est moins privée que la mienne et qui, à des degrés divers, illustrent la variété des troubles de comportement liés à la mésestime de soi. « Tu n'as pas le nombril sec », vociférent ces flagellants. Je ne souffre en effet d'aucun complexe majeur, surtout pas du complexe d'infériorité. J'ai trop de fierté pour laisser les pâles suppôts de la morosité me court-circuiter le cerveau. Sus aux fées grincheuses de la censure ! Sus aux émissaires célestes qui, entre deux livraisons exprès, pansent leurs ailes rognées à la lueur des satellites artificiels ! Sus aux génies qui suffoquent, hagards, au fond de leurs lampes merveilleuses ! Sus aux messagers des muses paralysés par les affres de la sciatique ! Sus aux fabricants de métaphores qui, en panne de motivation, gisent vautrés sur leurs inventaires ! Sus aux lutins de la modernité écrasés sous la paperasse ! Sus aux estafettes du père Citrouillard, sus aux émules du bonhomme Sept-Heures ! Alignez-les-moi contre le mur que je vous les exorcise en deux coups de

---

1. Ah ! le regard farouche que j'ai sur les photos datant de la période héroïque des éditions du Jour, quand Montréal baignait encore dans l'effervescence de l'Expo.

cuillère à pot ! (À moins que vous n'ayez un goupillon et de l'eau bénite.) Cerbères artérioscléreux, ogres édentés, farfadets asthmatiques... Ils sont tellement avachis par la fascination qu'exerce sur eux la page blanche qu'ils se révèlent inoffensifs, les pauvres diables. Tristes hères, rebuts de géhenne ! Quel mérite aurais-je à lutter contre ces épouvantails ? Je ne souffre d'aucun complexe, non. Quand je me déprécie, c'est à dessein, par calcul, par cabotinage, pour parer à d'éventuelles brimades. Élémentaire, mon cher Sigmund. Plus les préjugés qu'on entretient à mon endroit sont défavorables, moins je risque de décevoir.

Je me targue d'être mon propre détracteur. Sur ce point (comme sur une foule d'autres), ma candeur, mon impétuosité, mon zèle sont restés ceux d'un débutant. Pour annoncer sans ambages la couleur du présent essai, je me dois de déclarer que j'aime me bercer d'illusions. Je fais cette confession le plus joyeusement du monde, en chantant mon mea-culpa sur l'air de « Il a gagné ses épaulettes », moi qui n'ai rien d'une face de carême. Parmi les illusions qui me tiennent à cœur et dont dépend mon équilibre, il faut d'abord que je mentionne celle qui, dans la grisaille de l'adversité, m'assure que ma carrière n'a pas encore connu l'essor auquel elle était destinée. Bien entendu, cette perception que j'ai de mon statut (et de ma réputation) d'écrivain déteint sur l'attitude que j'adopte envers les commentateurs, les analystes, les exégètes patentés. Imprégnant mon esprit, elle en malaxe les sucs, en fertilise le limon, en irrigue les champs d'intérêt, limpide, généreuse, enivrante comme un mirage de pluie dans un ciel saharien. Perception biaisée, illusion d'optique... Le portrait que je projette de moi est outrageusement juvénile : inutile d'insister là-dessus. Imputerai-je la persistance de cette illusion au fait qu'à la parution de mon premier roman les critiques m'ont désigné comme « l'enfant terrible de la littérature québécoise » ? Hypothèse plausible et séduisante. En tout cas, l'étiquette d'enfant terrible m'a collé à la peau. Prenant de l'épaisseur, elle a doublé, triplé, quadruplé de volume pour finir par former une enveloppe protectrice, un cocon où je me suis tapi, insouciant de l'âpreté (des charmes aussi, hélas !) du climat culturel.

D'après les psychologues que j'ai consultés en chair et en os ou dans les manuels de la section 150 de la bibliothèque de mon quartier, les enfants terribles éprouvent souvent d'immenses difficultés à devenir adultes. La précocité dont ils jouissent à l'heure des charades mimées et des comptines de la maternelle les fige dans des poses de galopins occupés à mijoter des mauvais coups contre le maître. La comparaison qui vient aussitôt en tête est celle de l'arrêt sur image. Certains ne souhaitent d'ailleurs pas s'émanciper du giron de l'école buissonnière (rien n'égale les apports de l'éducation clandestine, rien n'est de taille à rivaliser avec l'émoi brut et franc des contestations improvisées) et s'intégrer à la société. Est-ce normal à cinquante ans sonnés de se considérer comme un enfant terrible ? N'est-ce pas une faute de goût, la manifestation d'un sérieux blocage, un délit frisant l'imposture, le canular ? Me voici penché sur l'écran de mon ordinateur, le corps raide, les oreilles molles, tel le comédien se maquillant dans le silence ouaté de sa loge, miroir, miroir, dis-moi si je suis encore en état de jouer mon rôle avec conviction, et il faut que je me tâte les bajoues, il faut que je me pince le cuir chevelu pour réaliser que j'ai vieilli. Ne vous moquez pas de moi, j'exagère à peine. Mes grimaces sont celles de l'élève tapageur que j'ai été sur les bancs du collège, tantôt brillant (mathématiques, histoire, géographie, français, latin, grec), tantôt cancre (anglais, dessin). Je ne porte pas les stigmates de mon âge[2]. Le déclin physique viendra bien assez tôt avec sa kyrielle de douleurs diffuses, de courbatures, d'acouphènes, de nausées, de vertiges. La déchéance mentale aussi, térébrante et implacable. En attendant ces fléaux, je me persuade que mon prochain roman sera supérieur à ceux que j'ai publiés jusqu'à maintenant. Voilà des mois que j'en digère la matière ; quant à la manière, il ne me reste plus qu'à la fixer dans le concret d'une intrigue et d'une atmosphère. Je vais remplir mes promesses, n'ayez crainte. Je vais percer, oui, et de belle façon. Je vais trouer ma chrysalide, quitter ma dépouille de chenille à poil et, malgré mon tempérament diurne, me muer en grand papillon de nuit. Dans l'immédiat, j'ai juste quelques croûtes à manger pour achever ma métamorphose. Simple question d'appétit. Bref, ceux qui ont misé sur mon talent ne seront pas déçus. Qu'il y ait de la naïveté (et une importante dose de ridicule) dans ma profession de foi, je le reconnais volontiers[3]. Pour persévérer dans la discipline qu'il a élue, le créateur a besoin de s'abuser sur les forces qui l'animent. Quand on a l'ambition

---

2. Je n'en tire aucune vanité. Savez-vous quel est le secret de cette mine saine et gaillarde ? Les élixirs d'eau de jouvence, les capsules d'ambroisie, les tartines à la gelée royale, les nectars déshydratés (en tisanes et en comprimés), les huiles essentielles, les vitamines d'astronautes, etc. Blague à part, j'espère avoir bon pied bon œil jusque dans mon ultime vieillesse.

3. Je reviendrai sur les vertus stimulantes de la naïveté. Dans la conjoncture qui est ici la mienne, à la fois hardie et tatillonne, directe et jalonnée d'hésitations, on ne s'étonnera pas que je m'en remette davantage aux caprices du sort qu'à la logique de mes introspections.

d'édifier une œuvre d'une certaine envergure, la lucidité est la mère des pires inhibitions.

Trente ans dans l'institution littéraire et, si on se fie au relevé officiel de la Commission du droit de prêt, une trentaine de titres dans le réseau. Je vous en épargnerai l'énumération : non seulement cette nomenclature ne rimerait à rien mais, litanie profane, elle ne siérait guère au mode d'examen de conscience amorcé ici. Trente ans, trente titres. À la suite d'un tel constat, il me semble opportun d'esquisser un bilan. Tant pis si on me taxe de fatuité... « Un bilan, dites-vous ? ! Un bilan alors que vous admettez n'avoir fait vos preuves qu'à moitié ? Sinon frivole, la démarche est paradoxale. » Bah ! si la pensée ne flirte pas un brin avec le paradoxe, j'ai peur qu'elle ne soit condamnée aux antithèses de pacotille, aux dichotomies sommaires, à la dialectique bancale des discussions de bars. Il est préférable de frôler l'absurde que de sombrer dans les poncifs. Trente ans, c'est un bail. L'expérience accumulée en trente ans dans un domaine aussi vaste que celui de l'écriture ne se résume pas en cinq ou six formules-chocs griffonnées sur un bloc-notes.

En l'occurrence, il me paraît judicieux de renoncer provisoirement à *Rien ne se fait sans mal*, roman que j'ai mis en chantier l'été dernier (et dont l'armature rafistolée, bringuebalante, striée de fêlures, alourdie d'accessoires polémiques, sapée à la base par les lois inhérentes au huis clos m'a flanqué dès le chapitre d'exposition des crises de stress et des migraines carabinées), et de consacrer les vingt ou trente mois qui viennent à réfléchir sur le travail des mots et sur les contingences du métier, deux notions distinctes – et souvent même diamétralement opposées.

Trente ans dans l'institution et trente titres à mon actif[4]. J'ai énormément publié. Trop ? Oui – pour ma courte honte. Le nier serait pure folie. Dieu merci, je n'ai pas soumis aux éditeurs tout ce que j'ai couché sur papier. J'ai eu par intermittence des éclairs dont je me réjouis, éclairs de discernement à la lumière desquels j'ai détruit les saynètes, les fariboles, les grosses farces où je m'étais aventuré. J'ai trop publié. Ce serait mentir que de prétendre le contraire. J'avais des ressources, ma fécondité se voulait exubérante et, l'époque étant propice aux excès, j'ai péché par éparpillement. Sitôt paraphé mon premier contrat, je me suis vu engagé dans un véritable marathon. Aiguillonné par la clause qui me liait à mon éditeur pour encore cinq ouvrages ~ ah ! la fameuse clause de servage ~, il m'a fallu une éternité avant de consentir à m'octroyer un peu de répit.

De mon fauteuil pivotant, je contemple les livres dont je suis l'auteur et dont les piles forment cinq cubes de volume égal sur le dessus de mon secrétaire. Rares sont ceux qui trouvent totalement grâce à mes yeux. Trois ou quatre... La plupart ont quelque chose de fâcheux, des détails qui clochent, un défaut de conception[5]. (Je ne suis pas plus sévère avec ma prose qu'avec celle de mes pairs, remarquez. Ayant participé récemment au jury réuni par le Conseil des arts pour attribuer le prix du

---

4. L'institution... On jurerait une prison à haute sécurité, un centre pour drogués, un asile pour malades incurables !

5. Manquements graves ou lacunes vénielles : prolégomènes flasques, parenthèses gigognes, anecdotes adventices, stases intempestives, raccords boiteux, logogriphes, entrechats, volte-face, pitreries, effets de kaléidoscope, flous pseudo-artistiques, emprunts hybrides, repères fuligineux, coïncidences grossières, ellipses incompréhensibles, fanfreluches affriolantes, coquetteries coupables...

Gouverneur général, j'ai passé au crible la moisson de l'année. Sur une centaine de romans, une demi-douzaine ont obtenu ma pleine adhésion. Les autres étaient des avatars de scénarios, des carnets de voyage, des fragments de journaux intimes, des comptes rendus de cures, des transcriptions de rêves, des pastiches de Marie Laberge, des paraboles filées, des méditations dialoguées... Une demi-douzaine : en regard de l'ensemble, il s'agit d'une quantité négligeable. C'est, par exemple, récolter un sac de grain pour vingt sacs d'ivraie. Comment, dans cette conjoncture, ne pas anticiper de graves pénuries de farine ?)

Trente ans, trente titres. Ai-je gaspillé mes dons ? Je n'ai pas l'habitude de m'interroger là-dessus. Sincèrement, cela ne hante pas mes nuits. (Mes veilles non plus d'ailleurs.) J'ai d'autres tracas pour nourrir mes insomnies, d'autres obsessions... En fait, j'estime avoir procédé de façon normale dans l'apprentissage de mon métier, soit par essais et erreurs, ce qui implique inévitablement un nombre X d'échecs. Si la majorité de ces échecs ont été discrets, il m'est arrivé d'en subir de lourds, de cuisants. Heureusement, vous ne dénicherez mes livres ratés que chez les bouquinistes pour la bonne raison qu'ils sont épuisés. Le temps les a défalqués de la liste des titres disponibles en librairie et je me garde avec soin de chercher à les remettre en circulation... Pourquoi n'ai-je pas publié uniquement mes réussites ? J'aurais ainsi ménagé mon orgueil et je trônerais aujourd'hui, foudre au poing, au pinacle d'une tour d'ivoire. Or, le problème ne se pose pas en ces termes. L'épisode au cours duquel j'ai acquis les rudiments de l'écriture romanesque a été très long. J'ai besogné, oui. J'ai fait mes classes. Avec méthode, je me suis employé à canaliser mes pulsions, à cibler mes compétences et à me munir des instruments susceptibles d'exprimer avec précision (à froid et à chaud) la gamme des émotions. Sans simagrées ni cérémonies, j'ai pris les initiatives qui s'imposaient, accordant mes violons pour être au diapason du grand orchestre de la collectivité humaine. Oh ! j'en ai croisé quelques-uns, artistes frêles, lunatiques, sujets aux transes, pour qui ces opérations de déniaisage étaient un calvaire. Moi, j'ai gravi la pente à mon rythme. (L'escalade n'est pas terminée, loin de là : j'ai coché sur un calepin les principales étapes à franchir et je prévois plusieurs dizaines de bivouacs avant d'atteindre la cime.) Je ne regrette ni les vacances escamotées, ni les installations de fortune, ni les haltes réduites à des pauses-café. Je ne regrette rien. Quand on met le point final à un récit, on n'a aucune idée de la viabilité de l'être de sueur, d'encre et de pulpe dont on vient d'accoucher. Soûlé jusqu'à la moelle par les spasmes du travail, on se félicite de la soudaineté de la délivrance. On a le pouls fébrile, le front humide, les tympans qui bourdonnent. On est euphorique, radieux. On tombe des nues. Le doute n'a pas encore commencé à mêler ses subtils poisons à l'exaltation du moment. L'objectivité[6] ne se manifestera que quinze ou vingt ans plus tard, une fois estompée l'ultime onde de choc, quand les sirènes de la rumeur auront cessé de mugir et qu'on pourra lire son roman comme le roman d'un étranger (ou d'un contemporain quelconque), dans l'ignorance suprême des ingrédients qui en auront altéré le métabolisme.

Les éditeurs se sont-ils leurrés sur les textes que je soumettais à leur approbation ? Hum... Il faut savoir que,

---

6. Partielle, cela va de soi.

dans les trente minutes qui précèdent la livraison d'un manuscrit, l'anxiété qui s'empare de moi est incontrôlable et qu'elle mue ma parole en une faconde débridée. Non content d'étaler ma marchandise, je multiplie les arguments de vente, je dépense un flot de salive, je brûle la chandelle par les deux bouts. Je suis là, debout derrière ma chaise, manches retroussées et col ouvert. Je roule les mécaniques, je trépigne. Je baratine à bouche que veux-tu. Je m'assèche les cordes vocales et ma gorge crache des mèches d'étoupe qui flamboient dans l'air telles des langues de feu. Ostensible comme elle l'est, ma fougue devient vite communicative. Elle qui incendie tout ce qui se meut dans son sillage, les bouées, les débris, les épaves, les brindilles, les copeaux charriés par le courant, elle a bien pu en effet attiser la fibre commerçante des éditeurs avec lesquels je traitais. Les ai-je subjugués, envoûtés, maraboutés ? Ai-je contaminé sans rémission leur capacité de juger ? Les ai-je engloutis, eux et leurs collaborateurs, dans le chaos de mon délire ? M'accuser de pareils méfaits serait un peu grotesque, il me semble, car eux aussi tiraient des plans sur la comète. Je débordais d'enthousiasme et ils en ont profité. Ils ont pressé le citron tant qu'ils ont pu. Ils l'ont trituré jusqu'au zeste. Pourquoi se seraient-ils gênés ? À leur instigation, j'ai fait paraître plusieurs ouvrages qui, bien qu'émaillés de morceaux de bravoure, étaient d'un agencement assez déplorable. Ah ! l'insistance des éditeurs n'était pas désintéressée, non. Ils avaient un public à ravitailler, ces bons Samaritains, un public certes restreint (rarement ai-je été au palmarès des best-sellers), mais friand des histoires que j'inventais, un public dont la curiosité ne s'est pas mitigée et qui, si j'en crois les chiffres qu'on me fournit périodiquement, m'est demeuré fidèle dans une proportion enviable. Aussi ai-je conscience d'être un privilégié, moi qui n'ai pas encombré les étagères des librairies avec des rossignols.

Donc, mes éditeurs, qui se flattaient sans retenue d'avoir la bosse du négoce, s'activaient pour répondre à la demande. « Nous apportez-vous bientôt un manuscrit ? » s'enquéraient-ils à tout bout de champ. Phrase typique des années soixante : « Nous apportez-vous bientôt un manuscrit ? » Que répliquer à cela, hein ? Je fronçais les sourcils pour ne pas montrer combien j'appréciais leur gentillesse. Accoutumé à être ainsi sollicité, j'affichais le calme martial du pilote kamikaze en train de s'asseoir dans le cockpit de son avion. En apparence, j'étais le flegme incarné mais, sitôt rentré à la maison, je rapaillais mes fiches, branchais la Remington et tapais comme un possédé. Résultat : pour ne pas avoir à jongler avec les délais qui m'étaient impartis, je bâclais. Les éditeurs auraient gagné à me laisser économiser mes forces. Oh ! mon propos n'est pas ici de les sermonner. Je n'ai aucune hostilité à leur égard. Qu'ils ne m'aient pas systématiquement renvoyé à mes brouillons a beau me plonger dans une perplexité des plus navrantes, je ne plaiderai pas les circonstances atténuantes.

Je l'affirme avec force, je n'ai jamais publié de livres ennuyeux. Hermétiques ? Sibyllins ? Alambiqués ? Oui – cela au gré des lubies qui me tenaient lieu d'hygiène mentale et dont les folles prescriptions se confondaient dans ma tête avec celles de l'éthique professionnelle. Tonitruants ? Ésotériques ? Biscornus ? Oui, je l'ai dit. Ennuyeux ? Non. Là-dessus, je suis formel. J'ai scrupuleusement banni de mes écrits le plat, le terne, l'éculé. À mon avis, mieux vaut que le lecteur soit irrité par de franches audaces qu'accablé d'insipidités.

Mes romans les plus faibles ont tous un accent singulier qui, parce qu'il tranche avec le murmure médiatique ambiant, les sauve de la médiocrité, un accent (rieur ou triste) par le truchement duquel ils procurent au lecteur du plaisir et, accidentellement, à la faveur d'un de ces petits miracles païens qui procèdent autant des artifices de la syntaxe que de la prodigalité de l'inspiration, quelques extases dont l'acmé s'avère aussi déconcertante qu'éphémère. Cet accent singulier, je l'attribue à l'enchevêtrement des thèmes, à l'intensité du trait, au foisonnement des détails, à l'éclat de l'ornementation, au cynisme cru, à la fureur panique ou, au contraire, à l'inquiétude distillée au compte-gouttes... La palette est large et je ne m'en plaindrai pas. Les éditeurs ont été réceptifs à ces parcelles de mystère qui, surgies scintillantes de je ne sais trop quelle zone de sens, rachetaient la plupart de mes verbiages.

Dans le Québec d'après la Révolution tranquille, on ne faisait pas retravailler les manuscrits. On les acceptait ou on les refusait en bloc, sans en discuter la teneur ni la facture. Secondaire était la qualité de leur trame. Entassés pêle-mêle dans les plateaux de la balance, les torchons pesaient aussi lourd que les serviettes. Nous applaudissions les natures frustes qui, d'une pichenette, fracassaient des records homologués dans l'une ou l'autre de nos foires provinciales. Records insolites, farfelus. Nous jugions les athlètes davantage à leur souffle qu'à leur technique. Un bel élan nous épatait plus que plusieurs heures de ténacité et d'endurance. La spontanéité primait tous les critères d'évaluation. Nous raffolions des exploits accomplis sans préparation aucune, des prouesses exécutées en dépit d'un muscle froissé, d'une tendinite, d'un ligament déchiré. Je ne vous apprendrai rien en vous disant que les mentalités ont passablement changé depuis ce temps. Les éditeurs actuels calquent allégrement les mœurs des banquiers et des patrons des grands trusts. Leur dada est d'amasser de l'argent. Enfermés dans un conservatisme de bon aloi, férus d'efficacité, pétris de prudence, ils évitent de s'emballer et gardent la tête froide. Je les entends prêcher du haut de leurs nouvelles chaires d'administrateurs. Pour eux, un texte n'est guéri de ses bobos qu'à la vingt-cinquième version, quand les écorces ont été scarifiées, les rameaux émondés, les gerçures enduites de poix, les entures scellées à la chaux. Avant cela, le plant n'est pas assez robuste pour croître en beauté sous la coupole du ciel, soutiennent-ils à l'unisson. Philosophie spécieuse que celle qui prône qu'une succession de réécritures garantit la solidité de ce qui constitue le tronc d'une œuvre. Dans cette optique réductrice, on applique aux complexions infirmes la même médecine qu'à celles qui ne requerraient que de menus amendements. Comme c'est souvent le cas dans ce drôle de pays, on a fait un virage à cent quatre-vingts degrés[7] et, dans la majorité des maisons d'édition, on n'arrive plus à distinguer les manuscrits hirsutes (qui n'ont besoin que d'un coup de peigne et de quelques retouches mineures) de ceux qui sont blafards, livides, moribonds (ici, je résiste à l'envie de dénoncer avec virulence l'acharnement thérapeutique de certains de nos directeurs littéraires) et même cliniquement morts – autopsiés, recousus, embaumés.

J'ai encore, je le répète, la candeur du débutant. Ah ! cela n'a pas empêché mon écriture de se modifier au fil

---

7. Il y a belle lurette que les palinodies de notre élite sont matière à proverbes et à railleries.

des saisons culturelles. Je n'ai pas le même style que lorsque j'ai entrepris mon périple en ce bas monde. J'ai suivi mon étoile, celle qui brillait exprès pour moi au noir zénith du firmament. Mes superstitions sont plus raisonnables qu'elles ne l'étaient à l'origine. Mes méthodes de conditionnement ont changé d'allure. Mes rituels de concentration se sont beaucoup perfectionnés. J'ai abandonné mes anciennes ascèses pour en adopter de nouvelles, moins pénibles, moins rébarbatives, qui ne dédaignent pas les délices de l'oisiveté[8]. À présent, bien que j'aie en stock un million de plans, de schémas, de diagrammes, que mes calepins regorgent d'ébauches, que je dispose d'une intrigue riche en rebondissements, d'un canevas de récit d'une extrême flexibilité (reliquat, je présume, des préceptes qui m'ont été inculqués pendant mon cours classique, quand le vade-mecum de la dissertation était un recueil ronéotypé des sentences les plus percutantes de Malherbe, Boileau, Furetière et consorts), je ne commence jamais l'écriture d'un roman avant d'avoir rêvé au moins une fois à mes personnages. Je réfrène mes hâtes sous des draps de percale, je m'oblige à dormir sur mes idées.

Ces rêves, qu'ils soient bénis même s'ils débouchent souvent sur d'atroces cauchemars, m'indiquent que mes neurones sont en mesure de véhiculer du conscient à l'inconscient (et vice versa) les germes des substances actives (l'amalgame des passions muettes, des tabous, des pudeurs transies, des velléités, des tocades, des goûts morbides, des tares camouflées avec diplomatie, des

---

8. Les auteurs soignent leur mythomanie avec un assortiment de cataplasmes, de décoctions, de placebos, de remèdes de charlatan. Une rémission serait pour eux un effondrement, une culbute aux enfers.

simulacres, des déguisements, des forfanteries, des hésitations, des réticences, des atermoiements) appartenant à l'intimité de mes personnages. Jusque-là, ces derniers n'étaient que des marionnettes que j'agitais pour tester la souplesse de leurs articulations, la résistance de leurs attaches... Gesticulation harassante. Vaine chorégraphie. Aussitôt qu'ils ont la faculté de s'insinuer dans mon univers onirique, mes personnages échappent à mon autorité et s'écartent des mobiles que je leur avais initialement prêtés. Ils cessent d'être en phase avec mes intentions pour vivre leur vie propre. Le processus est inéluctable. Rêver à mes personnages, voilà un signe qui ne trompe pas. J'en conclus quasi instantanément qu'un des cycles de la gestation est complété et qu'en m'astreignant à lambiner sur mes schémas et mes diagrammes, j'ai emmagasiné assez d'images (denses, violentes, habitées) pour faire vibrer chaque phrase qui jaillira du pianotement de mes doigts sur le clavier de l'ordinateur. Je peux par conséquent me lancer dans une première rédaction. Je n'ai qu'à pousser la porte. « Sésame, ouvre-toi. » Nul besoin de clé des songes. La fiction me happe. Ventre à terre, je m'engouffre dans ses dédales. Nul besoin de fil d'Ariane non plus. Après un incipit ciselé comme un ex-voto, les paragraphes affluent en cortèges serrés dans un chamarrage d'hyperboles, d'oxymores... Prière de ne pas déranger la parade. Pour me guider dans mes pérégrinations entre la zone où j'élabore mes plans et les labyrinthes de la narration, je me réfère à mes rêves, oui. Ne surpassent-ils pas en fiabilité mes meilleures intuitions ? J'ai par eux la confirmation que des globules de mon sang ont transmigré dans les veines de mes personnages. Dès lors, ceux-là ne sont plus à la remorque de l'appareil de notes que j'ai monté au long des semaines, des mois et des années dans la solitude de mon bureau. Ils quittent le théâtre de mes élucubrations. Prenant du relief, ils acquièrent une dimension insoupçonnée. Adieu, pantins de guenille que je brandissais en marottes de bouffon. Adieu, mannequins bariolés, poupées de son, silhouettes d'osier, de tôle étamée, de fer trempé. Désormais, chacun a son ange gardien, son horloge biologique, ses fétiches, ses sosies, ses fantômes familiers.

Je n'écris plus de la même manière qu'il y a trente ans parce que, n'ayant plus le désir de séduire coûte que coûte et me sentant libre de circuler à ma guise dans les différentes régions de l'imaginaire, je suis moins tributaire des engouements de l'intelligentsia. Le terrorisme des mandarins n'a plus d'effet sur moi. J'en ai neutralisé les piques, crevé les baudruches, éventé les outrances. On se figure faire état de son individualité en se limant les dents, en se tatouant un scorpion sur le bras, en se rasant le crâne, en se promenant fagoté de fripes mûres, de loques, de haillons. En réalité, on reproduit les tics d'adeptes avides de recruter de nouveaux membres dans les coteries qui les unissent. « Déployez nos banderoles, nos fanions. Épousez nos idéaux. Excitez-vous le poil des jambes. » Les phénomènes de mode ont un double rôle : en même temps qu'ils nous permettent de nous démarquer d'un groupe donné (les jeunes ne veulent évidemment pas s'habiller comme leurs aînés), ils attestent que nous appartenons à un autre groupe (dandys, godelureaux, bas-bleus, bacheliers, beatniks, hippys, skins, punks) et sanctionnent ainsi un grégarisme souvent proche de l'aliénation. Qu'elles soient musicales, vestimentaires ou gastronomiques, toutes les modes obéissent au même pattern. (Édicter une telle chose relève nettement de la tautologie.) En soixante-dix, j'insistais dans chacun de mes écrits sur la nécessité d'explorer des voies littéraires encore vierges, ah ! le brave scout que j'étais, et simultanément je subissais l'ascendant des hérauts du retour à la rhétorique traditionnelle. J'étais leur grouillot, leur vassal, leur homme lige. Tandis que je militais pour l'abolition des conventions en matière stylistique, je me gargarisais, toute ironie bue, des théories en vogue dans les couloirs de l'université. J'inventais des slogans à scander entre les cours. Mes compagnons répétaient mes meilleures trouvailles et je répétais les leurs. Hochant la tête en cadence, nous ruminions les fourrages de la contre-culture. Venez à nous, béliers rebelles, brebis galeuses ! Je ne voyais pas d'antinomie entre me réclamer du discours lapidaire d'un Godard (ou, pire, des arguties d'un Robbe-Grillet) et témoigner de mon originalité. Mouton noir enrôlé au sein du troupeau des moutons noirs (même fiel, même écume aux lèvres – même race, même pedigree), je vomissais les tièdes, les indolents, les sans-grade à la laine cotonnée. Je fomentais contre eux des équipées rageuses, des exterminations massives, des massacres à la tondeuse mécanique... J'aurais défoncé les clôtures, je me serais précipité dans le vide avec mes congénères si ce ralliement suicidaire avait été un moyen de faire obstacle aux admonitions des bergers et de fuir l'étroitesse des sentiers battus, itinéraires jonchés de déchets, souillés de crottin. Par chance, j'ai découvert assez vite les propriétés roboratives du changement d'horizon. Quand, lassé de l'apostolat, j'ai décidé de m'isoler de la bande, je n'ai pas bêlé ma dissidence sur les toits. Rompre les rangs a suffi à me redéfinir une personnalité. Mes camarades, eux, se sont égaillés dans les pâturages qui s'offraient à leur faim et, de repli stratégique en repli stratégique, nous avons fini par nous perdre de vue.

Bien que j'aie conservé cette innocence qui caractérise les novices (les magiciens amateurs, les apprentis sorciers), je n'ignore pas que, pour user d'un style propre, il faut sobrement doser désinvolture et respect des lois grammaticales, effronterie et humilité, prolixité et concision. Il est fondamental que les chuchotements alternent avec les hâbleries, la crispation avec la nonchalance, etc. Mon esthétique prend appui là-dessus. Alors que la frilosité emprisonne l'émotion dans une gangue de glaise et de sable, l'absence de règles rend l'énoncé revêche, raboteux, lourd de scories. En revanche, si le despotisme des règles engourdit les nerfs d'un texte, de trop nombreuses licences en dissipent la puissance évocatrice. J'ai du carburant pour alimenter le moteur de ma phrase, je suis certain de cela, mais les jauges me sont indispensables pour évaluer jusqu'où l'engin peut me conduire. Moi qui ai constamment besoin de repères, je suis prêt à répéter ici ce que je déclarais dans la première interview que j'ai accordée : ma crainte est de produire un jour des pages conformes à l'idée que les manitous de la littérature se font d'une écriture somptueuse. Il me reste assez de jugeote, un atome ou deux, je pense, pour savoir que cela serait pour moi un désastre. Telle est ma crainte, oui. Cela dit, rien ne me répugne plus que de pondre une phrase dénuée d'élégance.

Osons le mot, je m'applique à créer de la beauté.

Oh ! je vous concède que je n'étais pas sensible à cet aspect des choses quand, adolescent, j'ai commencé à m'adonner à la fiction. Les années m'ont appris que, dans cette galaxie en perpétuelle expansion qu'est l'existence humaine, la beauté ralentit la trajectoire des corps qui gravitent dans son orbite. La beauté repose des courses plus ou moins compétitives auxquelles on se livre chaque jour. Même chétive, même précaire, elle amortit les chocs de la vie en commun. À quinze ans, je n'étais pas spécialement sensible à cela. La recherche de la paix intérieure était à mes yeux une croisade rabâchée, rétrograde, une quête utopique réservée à quelques don Quichottes de faible quotient intellectuel. Méprisant la beauté, je l'assimilais au pluriel de majesté, au deus ex machina, aux basiliques espagnoles, aux DÉFENSE DE MARCHER SUR LE GAZON, aux palaces art déco, aux meubles antiques, aux piscines ovales, aux cabines des paquebots de luxe, aux colliers de fleurs des vahinés, aux trémolos des divas, aux coloquintes séchées, à la patine des missels reliés en vélin, aux casse-noisettes plaqués or, aux écrous nickelés des enjoliveurs de roues, aux vénus de plâtre, aux sels de bain, aux huiles cosmétiques, au talc pour bébé, aux desserts arrosés de crème de menthe, aux laits maltés, aux litchis au sirop, aux cothurnes d'Antigone, aux tutus de tulle mauve, aux arabesques des hockeyeurs soviétiques, aux cris perçants des majorettes de Lachine, aux totems de papier mâché, aux collections d'insectes tropicaux, aux crucifix ouvragés, aux films pieux programmés par Radio-Canada les jeudi, vendredi et samedi saints, aux icônes en plastique fluorescent, aux chromos glauques des motels de la Rive-Sud et de la Rive-Nord, aux vignettes de l'almanach Beauchemin montrant des escouades de draveurs aux prises avec des embâcles géants, à la solennité des services funèbres, aux mélodies lancinantes, aux albums de folklore breton, aux facéties des clowns, aux guirlandes grugées par les mites, aux portes matelassées, aux flacons de chloroforme, aux lucarnes rondes, aux broderies lamées, aux oreillers douillets, aux condiments fades, aux liqueurs diluées, aux gloses nébuleuses, aux perroquets apprivoisés... Entre quinze et vingt ans, on flirte avec le néant. On est à l'affût de ce qui secoue, de ce qui électrise. On navigue sur des mers parsemées de récifs de corail. Les livres qu'on rapporte à la maison sont des colis piégés : on les ouvre et ils déclenchent de splendides catastrophes. On abhorre la sérénité, lui préférant ce qui bouleverse, ce qui déboussole. La peur d'être accaparé par la routine fait qu'on fonctionne à plein régime. On juge l'arbre plus aux craquements de ses branches dans les tempêtes qu'aux toxines de sa sève ou à la vigueur de ses greffons.

À une amie qui m'avait confié se relaxer en écoutant des sonates de Brahms, les pieds sur un pouf rembourré de bran de scie, la tête calée dans un amoncellement de coussins, je me rappelle avoir offert des pantoufles en cuir d'agneau[9]. Par dérision, oui... Elle et moi avions pourtant des affinités. J'adorais à l'époque prendre les gens à rebours. Je fréquentais l'université. J'avais déjà publié un roman. En marge de mes études, je faisais des piges de rewriting. Mon temps était un élastique ; ma mémoire, un buvard. Je plaçais la rapidité au rang des vertus cardinales. Plus tard, les malheurs m'ont trempé l'âme (la vie n'a pas été moins brutale avec moi qu'avec vous) et je me suis mis à exiger de l'art qu'il soit un refuge entre les écueils, une oasis, un havre, une île verte, un coffre au trésor, une essence rare, une rose trémière ployant sur sa tige, un pan de tissu de soie ou de crêpe, un baume, un liniment d'aromates.

---

9. Cette docile bête étant l'emblème, le symbole des Québécois, je suppose qu'il est dans notre karma de l'immoler sur tous les autels, des plus domestiques aux plus officiels.

Ce concept de la beauté consolatrice n'est pas nouveau. (Encore faut-il de la maturité pour en goûter les épiphanies.) Dans l'état actuel de mon esprit, la forme de mort qui me plairait serait de m'écrouler en arpentant les corridors d'une exposition (pas à l'étranger, toutefois, à cause des démarches à effectuer pour le rapatriement du corps) dans un musée ou dans une galerie. Je ne détesterais pas expirer entre les bras d'une jeune et svelte guide dont la chevelure châtain, parfumée au shampoing à la camomille, me chatouillerait le visage. Ma guide ne s'affolerait pas. À peine blêmirait-elle. Elle n'appellerait pas les vigiles à sa rescousse. Elle ne bousculerait pas les visiteurs. Elle n'évacuerait pas les lieux à l'arrivée des ambulanciers. Elle resterait calme dans la tourmente. Moi qui suis plus visuel qu'auditif, je serais content si la dernière image terrestre à s'imprimer dans mes rétines avant mon agonie était un Riopelle. Ou un Pellan. Nul doute qu'une toile de Pellan (songez à la *Maison de verre*, à la magnificence minérale du *Jardin volcanique*, à la folle luxuriance des *Végétaux marins*) a un pouvoir psychopompe supérieur au crépi mat d'un mur d'hôpital. Rien de morne ici, rien d'affligeant, rien de rugueux.

L'expérience m'a enseigné que la distance est mince entre écrire bien et écrire précieux. Et je ne désire d'aucune façon être considéré comme quelqu'un qui écrit bien. Je m'abstiens autant que possible des tournures délicates, lénifiantes. L'exquis ne m'intéresse que dans les vins, les portos, les fromages, les sorbets, les chocolats, les thés. Je sais pertinemment que j'ai emprunté les canaux de la littérature sérieuse (choix qui s'est imposé à moi dès le départ) mais, quoique j'y aie vogué toutes voiles dehors, pavois hissé au faîte du grand mât, j'ai la désagréable impression d'y avoir ancré quelques vaisseaux en fraude. (Sans parler de ceux qui, à cause d'un sextant ou d'un radar défectueux, ont échoué dans les eaux vaseuses de l'à-peu-près.) Mes romans comportent en général une foule de notations (fortuites ou préméditées) par lesquelles ils s'apparentent au polar et, si je jette un coup d'œil au contenu du meuble où je classe[10] les idées d'intrigues glanées dans mes flâneries, je constate que les hold-up, les crimes crapuleux, les kidnappings y occupent un large espace, presque un tiroir complet. Chez moi, la veine policière n'est décidément pas à la veille de se tarir.

Je suis jaloux des auteurs qui pratiquent un de ces genres dits mineurs où s'enchaînent tambour battant assassinats, escroqueries, vols avec effraction et hobbys du même acabit. (Si on leur fait grief d'éluder les raffinements de la psychologie, n'accueillent-ils pas ce reproche comme un compliment ?) Ah ! n'aspirer dorénavant qu'aux petits plaisirs. N'écouter que mes instincts. Agir en dilettante sans m'embarrasser des protocoles qui accentuent le stress de la création. M'exercer au pittoresque. Consentir à me fondre dans la matrice des productions en série. Par ici, les thrillers, les suspenses, les histoires de détectives ! Avoir la modestie de n'être qu'un imitateur de Chandler, de Cain, de Hammett... Non, je suis aux antipodes de ces romanciers. J'ai beau les envier, je ne me résignerai jamais à rejoindre leur clan. J'y serais comme le catéchumène

---

10. Mes familiers se moquent de mes rangements méticuleux. Avec les disques, les livres, les vidéocassettes, les puzzles, l'ordre alphabétique est de rigueur. Pour les victuailles conservées au frigidaire, la date d'emballage (ou de péremption) décide de la tablette où je les place.

catapulté dans les limbes et je me mettrais aussitôt à dépérir. Voilà trente ans que je me vois au travail : en parallèle à ce que je raconte, je me pose une infinité de questions sur les tenants et les aboutissants de l'écriture (ce qui semble oiseux aux lecteurs pressés qui cachent souvent mal leur exaspération) et cette structure en abyme ne s'accommode guère au laconisme de la littérature policière.

Pour concevoir des livres qui ne soient pas d'une mouture acerbe ou d'une totale inanité ~ humanité, ai-je failli dactylographier ~, il est impératif d'assumer ses déficiences. Ce n'est qu'à ce prix qu'on trouve son chemin, celui qui correspond à l'allure de son pas, celui par lequel on peut espérer atteindre le public. Assumer ses déficiences ?... Le principe vaut surtout pour les entreprises de fiction. Dans l'essai, et à plus forte raison dans l'autobiographie, les écrivains qui se haïssent sont beaucoup moins assommants que ceux qui, pétant de santé, se glorifient d'être épanouis.

Le jeune auteur qui s'attaque à un sujet qui le dépasse est quelqu'un qui ignore encore comment calibrer ses munitions[11]. On ne le blâmera pas de chasser le dahu, lui qui en est à ses premières armes dans le safari littéraire. Pourvu qu'il ne se blesse pas avec ses poudres et son attirail de plombs... Mais qu'un auteur chevronné s'obstine à choisir des sujets qu'il est incapable d'exposer correctement, c'est selon moi le comble de la misère. Après trente ouvrages, on n'a plus le droit de se prendre pour Stendhal, Flaubert ou Musil. Si on ne s'est pas forgé

---

11. Gardez-vous de le honnir. Traitez-le avec la mansuétude un peu bougonne dont vous usez envers les amis qui ne tiennent pas l'alcool et qui s'enivrent dans les ripailles.

des outils en harmonie avec ses aptitudes, c'est qu'on a capitulé sous les influences et qu'on a perdu son temps à barbouiller du papier. Et, dans les circonstances, l'examen de la phrase qu'on s'est confectionnée de grippe et de grappe est plus du ressort de l'étiologie que de la stylistique.

Ayant passé le cap de la cinquantaine, trop ambitieux pour me satisfaire du trivial et inhabile à traduire le transcendant, me voici cantonné à ce que je réussis le mieux : décrire des êtres obscurs ou esclaves de leur réputation qui, ébranlés par une situation limite (un meurtre, un sinistre, une liaison tumultueuse, un deuil), sont forcés de se réveiller, de sortir de leur torpeur, de vaincre les appréhensions qui les tenaillent, des êtres ordinaires que les fastidieuses contraintes du quotidien rattrapent après cent cinquante ou deux cents pages et qui s'aperçoivent, hébétés, que l'exceptionnel n'a pas changé leur vie. On ne détricote pas les mailles de l'inexorable. Voilà l'univers que j'ai mis au monde en me servant à la fois de mes dons et de mes carences, de mon savoir-faire et de mes handicaps.

2

ON A VU dans les pages qui précèdent comme il m'a été aisé de faire publier mes manuscrits, même ceux dont l'ordonnance était confuse, broussailleuse. Portés par la précipitation qui régnait à tous les paliers de la pyramide de l'édition, mes vis-à-vis (j'entends par là les membres des comités de lecture, les directeurs de collections, les réviseurs, les correcteurs) n'ont pas décelé, semble-t-il, la gaucherie avec laquelle je manipulais les mots. (Et les idées ?) Comme de raison, moi non plus. Nous étions obnubilés par les cadences étourdissantes que nous nous étions mutuellement imposées. Devrais-je, pour expier ces péchés de jeunesse, courber l'échine incontinent et bredouiller les bribes qui me restent en mémoire du confiteor que je récitais à jeun, les genoux serrés, « *omnipotenti Deo, beatæ Mariæ semper Virgini* », sourd aux gargouillis de mon estomac vide, « *beato Joanni Baptistæ, sanctis Apostolis Petro et Paulo* », l'abdomen plus dur qu'un punching-ball ? Devrais-je en témoignage de repentir infliger à mon épiderme fragile le jute d'une haire, le crin d'un cilice ? Piètre ascète, va ! Elle est loin, l'époque où tu te frictionnais le plexus avec une fougue qu'en deux temps trois mouvements tu sublimais en dévotion divine, « *quia peccavi nimis cogitatione, verbo et opere* », nimbé par la lumière matinale qu'irisaient les vitraux de la chapelle du pensionnat, « *mea culpa, mea culpa, mea maxima culpa* ». Nous ne comptons plus sur toi pour de tels épanchements.

D'ailleurs, on peut se convertir sans monopoliser l'Internet, les organes de presse et les tribunes téléphoniques pour faire amende honorable. En ce qui me concerne, mes rites de travail ont évolué graduellement, dans l'atmosphère feutrée et le confort ergonomique de mon bureau, selon les défis plus ou moins ardus que j'ai souhaité relever en m'attelant successivement à *Angoisse play*, *Bourru mouillé*, *Ruches*, *Terminus*, *La Semaine du contrat*, *L'Accident du rang Saint-Roch*[12]... Le résultat de ces défis additionnés les uns aux autres et conjugués dans le temps est qu'aujourd'hui la première version que je rédige d'un texte consiste essentiellement en phrases simples. J'ai ainsi une charpente équarrie vaille que vaille que j'étoffe et capitonne ensuite à ma fantaisie. Il est important que cette étape quelque peu anarchique n'obère ni n'entrave les étapes ultérieures qui servent à biffer, à retrancher, humbles tâches dont je m'acquitte avec l'assiduité de la fourmi de la fable. À l'arrivée, ma dernière version se compose de phrases dont l'éclat est, j'espère, sans bavures[13]. (Presque invariablement, ces

---

12. Ai-je cherché au cours de ces expérimentations à obtenir l'aval au moins tacite de mes lecteurs ? La réponse à cette question est un non altier et catégorique.

13. Et j'aime à penser que, même dans ces énumérations où je passe au tamis les pépites d'or (ou de quartz) que j'ai recueillies, même dans ces inventaires pour lesquels j'ai un faible et qui paraissent à plusieurs d'une exhaustivité maladive, il y a tout un assortiment de litotes, de suggestions sous-jacentes.

phrases sur lesquelles je débouche en clignant des yeux comme à la sortie d'un tunnel ou d'un parking souterrain sont encore moins compliquées que celles de ma version initiale. Défilant à la queue leu leu, une longue, une brève, une longue, une brève[14], elles foncent droit à l'alinéa, tantôt trottinettes à pédales, tantôt bolides rutilants.)

Les moments que j'en suis venu à préférer dans l'écriture sont ceux que je consacre à épurer mes brouillons. J'ai du plaisir à fignoler un découpage et à vagabonder dans les subdivisions d'un plan – mais raturer une onomatopée trop imitative, une interjection trop tapeà-l'œil (ou carrément vingt-cinq lignes d'un paragraphe de quarante), limer ma phrase, l'égriser, la ciseler, la fourbir, voilà la gymnastique intellectuelle qui me comble vraiment. Rien de trépidant ici, rien de fiévreux. Le premier jet, qui m'excitait tant au début avec sa verve, ses poches d'air, ses vrilles, ses sauts périlleux, m'ennuie de plus en plus. Il s'agit d'un stade ~ et, pour le désigner adéquatement, j'hésite entre l'oral, l'anal, le phallique ~ dans le développement du manuscrit où je donne congé aux précautions langagières pour prendre la dictée de mon imagination. Cela revient à laisser les mots se détacher, lourds d'humeurs troubles, des corniches où ils gîtent dans les salles de mes archives cérébrales, dévaler les canaux de la moelle et se couler dans les moules du texte en ébauche. Avec quelle intensité ils ruissellent et dégoulinent ! La consultation du dictionnaire pour débusquer les effets fallacieux, les sottises, les bourdes se

---

14. Cette alternance, que je me défends d'ériger en système, est un moyen parmi d'autres de contrer la monotonie. (Après une séquence de coups secs, un lob est souvent plus efficace qu'un smash.)

fera quand aura cessé cette logorrhée et que se seront tus les crépitements de l'ordinateur. Pour l'instant, je ne m'égare pas dans les subtilités et mes mains courent sans se fatiguer sur les touches du clavier, paumes sèches et doigts déliés. L'opération en est une de vidange. Déployant la dextérité d'un pickpocket, je liquide des kilotonnes de tension.

Plus une phrase est raffinée, plus elle est simple – et l'apparente incompatibilité de ces deux propositions juxtaposées est pour moi une source inépuisable de méditation. Plus une phrase est raffinée, plus elle est récalcitrante à se tortiller. Les écrivains pour qui explorer les méandres de la conscience équivaut à être parachutés, cou arqué, bras en croix, dans des cogitations débilitantes, ces écrivains-là exploitent à fond l'acrobatique, le simiesque et l'ampoulé, comme si l'extravagante virtuosité de leurs loopings pouvait pallier l'inertie crasse où ils s'enferrent. Littéralement, ils se tuent à nous en mettre plein la vue. Blandices des boniments de bazar, diversions des pathos à deux sous... En vérité, ils se bornent à larguer en vrac les idées qui leur passent par le ciboulot. Offrir au public une phrase simple, cela implique qu'on s'emploie à endiguer les torrents de la pensée sauvage qui grondent à l'intérieur de soi. Une syntaxe capricieuse est moins la marque d'un esprit vif que d'un style débraillé.

Offrir au public une phrase simple... Après trente titres, je saisis mieux ce que c'est – et ce que ce n'est pas. Ce n'est pas, par exemple, recourir aux libellés succincts qui hantent le roman actuel, anatomies noueuses et coriaces présentant tous les symptômes de l'anorexie, momies éviscérées, désossées, boucanées, empaquetées sous quinze épaisseurs de cellophane. On peut être à la

fois sincère et creux. On peut être attendrissant d'innocence, de dénuement – et aussi stérile qu'un condom
de latex synthétique. Tout poignant qu'il soit, un cri de
détresse n'a pas la phosphorescence d'une épigramme
de Marot, d'une maxime de Chamfort. Même vissé au
socle d'un monument historique, même frappé en adage
dans la mémoire de quinze générations, même gravé en
épitaphe dans la pierre d'une stèle, un cliché reste un
cliché. Oh ! je n'ai pas envie qu'on revienne à cette plé-
thore de mots que les chroniqueurs de jadis confondaient
avec le style et qui n'était qu'une éloquence saturée
d'effets de manche, de métaphores captieuses, de
chiasmes en cataractes, de cadavres n'ayant d'exquis que
les encens se consumant autour d'eux... La prolifération
sémantique est le signe qu'on n'a pas peaufiné sa phrase.
On a plutôt galopé à bride abattue d'un bout à l'autre
du texte. L'image qui s'impose à moi est alors celle d'une
artère (l'aorte, la carotide, l'iliaque, la fémorale) que les
caillots obstruent et dont les pulsations s'accélèrent.
Gare à l'embolie ! Comme la truculence, la prolifération
sémantique sert à colmater les brèches qui lézardent
l'inspiration.

Les grammairiens de l'école classique voient le nom
comme un infirme qui a besoin d'un adjectif pour arriver
au cerveau du lecteur.

Un, soulignent-ils.

Pas trois, pas quatre, pas cinq.

Pour eux, trois épithètes bâtardes ne sauraient remplacer une épithète de race. Aucun aveugle ne souhaite
être guidé par une meute de chiens errants. L'analogie
est séduisante dans la mesure où elle célèbre la retenue,
l'économie... Or, puisque la primauté de ces vertus est
établie depuis des siècles, n'y aurait-il pas une certaine

sagesse à recommander aux auteurs qui ont du vocabulaire de se limiter à un lexique de sept ou huit cents
mots ? Allons donc ! Ce serait les réduire à une indigence
factice[15]. Du reste, pour rendre compte de l'ambivalence
de mes foucades, pour exprimer les nuances existant
entre les strates des sentiments durables que j'éprouve
et qui font que je suis l'homme que je suis, l'accumula-
tion d'adjectifs est un procédé efficace[16]. Bien sûr,
l'aveugle des grammairiens de l'école classique n'est pas
capable de s'orienter au milieu des roquets qui grognent
et qui lui mordent les chevilles. Rien ne l'empêche cependant de louer une voiture tirée par des chevaux,
chevaux dont les crinières ne s'assortiront peut-être pas
à la perfection mais qui, alertes et fringants, ne prendront
pas le mors aux dents à cause des jappements impérieux
de tous ces chiens. Et il sera à destination ô combien
plus vite que prévu.

L'écrivain qui se respecte se sert des mots qu'il a à sa
disposition, des mots de tout le monde (et d'autres plus
chatoyants, plus incisifs, plus pointus), pour faire des
phrases différentes de celles que tout le monde fait. Son
but est de sortir les idiotismes et les locutions figées de
l'ornière de l'usage, de nous ôter nos gants blancs, de
ridiculiser les salamalecs où nos impulsions s'empêtrent,
de juguler nos angoisses latentes, de conjurer les mauvais
présages, d'éliminer la rouille qui ronge la tuyauterie de

---

15. Les riches qui ne dépensent pas leur argent sont des pingres, des
rapaces.

16. Si j'insiste sur la nécessité de ne pas tomber dans l'éloquence gra-
tuite, je ne préconise pas l'utilisation d'un style guindé, rabougri. Advenant
le cas où je m'aviserais subitement de le faire, moi dont les constructions
verbales sont en contradiction avec les doctrines qui postulent qu'il faut se
servir des mots avec parcimonie, vous auriez raison de me rappeler à l'ordre.

nos âmes (car nous sommes aqueduc, fusée à étages, réacteur nucléaire, catacombes, orgue d'oratoire), de sonder les supports de nos intuitions, de libérer du boisseau des bienséances l'irascibilité que nous y enfouissons depuis la puberté, d'enregistrer sur ses sismographes des tressaillements imperceptibles (parce que trop légers) au commun des mortels, de s'immiscer dans les boucles les plus ténues de nos alphabets.

Écrire comme je parle ne m'intéresse pas.

Je ne veux pas de ce magma de monosyllabes rauques, je ne veux pas de ces balbutiements.

Faire des phrases différentes de celles que tout le monde fait, on y parvient automatiquement en ingurgitant de l'alcool, des drogues ou des médicaments vendus à la pharmacie du coin. Voyez Paul Verlaine soûl d'absinthe et de remords qui, affalé sur une banquette aussi élimée que son manteau, harangue les muses de sa jeunesse. Voyez Henri Michaux notant ce qui émerge des fouilles qu'il effectue en lui-même sous l'emprise de la mescaline. Voyez Jack Kerouac cadastrant à moto une Californie atrophiée par la paresse de son imagination (j'éternue, je tousse, j'avale un moustique), gelé jusqu'au trognon et asphyxié par les gaz d'échappement (je renifle, j'éructe, je déglutis), Jean-Paul Sartre dopé aux amphétamines, Dylan Thomas composant, entre deux syncopes éthyliques, des vers dignes d'être transcrits en capitales écarlates dans les phylactères de la plus folle des danses macabres. Voyez Fitzgerald, Lowry, Capote, McCullers, Duras, Carver, Burroughs. Les exemples abondent. Et, dans ce cadre flou où les vessies ont l'air de lanternes magiques, on achoppe immanquablement sur la difficulté de divulguer les résultats de ses découvertes. Voilà le hic : rejoindre ses semblables, leur communiquer des choses qui les concernent... On a beau écrire pour soi, on veut être compris par le voisin. Tant pis pour les Sélénites, tant pis pour les Martiens !

Si le texte dont vous vous apprêtez à prendre connaissance a été assemblé de bric et de broc, s'il ne véhicule que des flashs agglomérés en essaims autour de thèmes frelatés, s'il menace de se disloquer à chaque virgule, il ne captera pas longtemps votre attention. Moi, quand j'ai à produire, j'aime mieux m'en remettre à des méthodes qui s'apparentent à celles de la méditation. Entre la griserie que procurent les euphorisants et la montée d'adrénaline qui vient après une heure de concentration intense, j'opte pour la montée d'adrénaline. Mes lecteurs, je le sais, ont l'expérience de la concentration. Je ne plane pas, je ne lévite pas au-dessus d'eux avec la mine béate de l'adepte du yoga ou le sourire effaré du jeûneur. Je maintiens le contact avec la réalité. Mes phrases sont différentes de celles que tout le monde fait, plus sinueuses, plus touffues, mais elles sont claires à qui les lit sans sauter de mots.

Parce qu'ils sont constitués de phrases différentes de celles que tout le monde fait, les livres exceptionnels ont un côté monstrueux. Sinon, ils ne seraient qu'ordinaires. Vérité de La Palice, s'empressera-t-on de me rétorquer. On aura toutefois tort de penser qu'il suffit de copier ce côté monstrueux pour accéder aux échelons supérieurs de l'art. (Si la recette était aussi élémentaire, elle serait enseignée dans les ateliers de création.) Quand on a affaire à un livre atypique, il est fréquent qu'on ne s'en aperçoive pas sur-le-champ. Oui, la plupart des chefs-d'œuvre sont discrets. Ceux qui portent leur originalité comme un diadème, comme une aigrette, je n'en compte pas plus de vingt sur les rayons de ma bibliothèque : *Ubu*

roi, Impressions d'Afrique, Le Nez qui voque... Les ouvrages ratés, eux, font par contre grand cas de leur désir
de révolutionner la littérature. Leur obstination confine
au radotage. C'est d'abord en cela qu'ils sont exécrables.

Les livres que j'ai publiés sans coup férir sont tous
aujourd'hui suspects à mes yeux. Fruits verts, acides,
bourrés de pépins. Conçus dans un mélange d'anxiété
et d'allégresse, ils répondaient à l'urgence du moment.
Je les ai écrits hors de mes gonds, le cœur à vif, galva-
nisé par la mission dont je me sentais investi. Je n'en
rougis aucunement : je me suis expliqué là-dessus un peu
plus haut. Les répudier serait aussi saugrenu que de
renier une partie de moi-même. Ils recèlent des pages
d'un lyrisme fulgurant qui ont encore beaucoup d'attrait
et de charisme. Malheureusement, c'est la cohérence qui
leur fait défaut. Ils sont abstrus, emberlificotés. Et je me
dis que les éditeurs ne les ont acceptés que pour ne pas
laisser croupir un auteur dévoré d'ambition – ou, plus
lâchement, pour se soustraire à la rancune d'un arriviste
lésé de ne pas avoir décroché le rôle qu'il convoitait. Ah !
les éditeurs. Sans doute n'entendaient-ils pas grand-
chose au fatras de textes qui leur était soumis, mais miser
quelques dollars sur un jeune turc aux appétits bouli-
miques flattait leur mégalomanie, je suppose... Seuls mes
derniers romans sont assez homogènes pour que je les
considère comme de vrais livres. (S'agit-il là d'une astuce
que j'ai trouvée pour me récompenser des efforts qu'ils
m'ont coûtés ?)

Au seuil des années quatre-vingt, après sept romans
publiés à la chaîne, j'ai senti le besoin de faire le point.
Il en est résulté un livre de propos à bâtons rompus :
observations d'arrière-boutique, sketchs burlesques,
anecdotes cocasses, hommages irrévérencieux, diatribes,

plaidoyers courroucés, caricatures, philippiques, etc. Ce volume où était compilée la matière des cahiers que j'avais noircis de janvier à décembre 1979, je l'ai intitulé *Le Champion de cinq heures moins dix* pour signifier qu'en littérature les triomphes (les scandales aussi, du reste) sont de courte durée. Le champion momentané, le colosse aux pieds d'argile, c'était moi. Tout en reconnaissant avoir savouré le « piment de certains passages », des critiques avertis (je me souviens entre autres de Jacques Ferron qui, dans *Livre d'ici*, m'avait gratifié d'un billet dont le style oscillait entre la taquinerie et le persiflage) m'avaient jugé téméraire, avec un bagage aussi maigre que le mien, sept romans, quelques articles (sur le cinéma, le policier, le jazz), un recueil d'histoires pour enfants, de m'embarquer dans un inventaire. *Le Champion*, un ersatz de bilan ?... Inutile d'ajouter que la réaction des critiques m'avait passablement agacé. Avec l'âge, j'espère avoir acquis une crédibilité qui me met à l'abri de telles remontrances. À la réflexion, j'admets que me lancer à trente ans dans des spéculations savantes ou fantasques (selon l'angle de tir, les cibles à atteindre, la portée balistique) quant à l'avenir des idéologies servant d'assise aux hiérarchies édifiées par l'institution, cela ne manquait pas de culot. En un sens, mes détracteurs avaient raison : l'appropriation d'un art est éminemment empirique : elle s'accomplit sous le faix de contraintes, en combinant suées, moiteurs, démangeaisons, ankyloses... À l'époque, je pouvais écrire dix heures d'affilée sans me lasser. Les mots tombaient dru sur la page. Le cylindre de caoutchouc de ma grosse Remington en absorbait l'impact. Après six mois, le caoutchouc fatigué commençait à se fendiller sous les griffures des caractères de métal et, peu à peu, le cylindre prenait la texture rêche et bosselée d'un palimpseste. Dois-je stipuler que je ne me torturais pas les méninges à mater cette énergie effrénée ? C'est mon corps qui, devenant plus vulnérable, m'a obligé à apprendre l'a b c de la patience. Et, si à présent j'éprouve du plaisir à contenir la houle de l'inspiration, je suis conscient que ce plaisir est contre nature. En tout cas, contre ma nature à moi. Oh ! je peux encore défendre avec véhémence les principes sur lesquels sont fondées les théories qui régissent mon écriture – ce que confirme le ton de ce texte. J'essaie juste de ne pas trop succomber au magnétisme de l'exaltation. Les petits messies qui fulminent contre la médiocrité de leur temps m'ont toujours fait pitié. Pour moi, vaticiner est un signe de décrépitude. À l'opposé, la véhémence m'apparaît comme un effet de rhétorique, une garniture anodine, un pétard mouillé, une torpille de carton-pâte, un poisson d'avril, l'envol d'une colonie de hannetons dans la lueur fauve du crépuscule, le déraillement d'un train miniature sous les néons crus d'un sous-sol de banlieue, la jubilation gospel qui broie en mille étincelles le charbon rouge dont parle le psaume 140, le béret de mousse qui coiffe une bière pression[17]. L'exaltation, elle, est une défaillance des nerfs au même titre que l'agressivité, le désarroi, le renâclement. Exacerbée, elle cède le pas au délire. Et le délire, bien qu'il remue ciel et terre, est parasité par la hargne des anathèmes, le tonnerre des imprécations, la rosserie des invectives, la stupidité des énigmes dont les prémisses, d'un déglingué particulièrement strident, divaguent à l'envi.

---

17. Aussitôt qu'elle s'émoustille, la véhémence explose – et l'emphase qui faisait frémir les pommes d'Adam et les jabots de blanche dentelle éclate en postillons.

Je suis maintenant plus sensible à l'aspect graphique de mon écriture. J'aime quand les mots s'agencent sur la feuille comme les tesselles d'une céramique. J'aime quand les transitions entre les blocs d'un texte ressemblent aux isthmes vert émeraude de mon vieil atlas Bordas, au treillis opaque qui tapisse la voûte sidérale du planétarium, aux échafaudages qui ceinturent les bâtiments en rénovation. Moi qui appartiens à la phratrie des romanciers, je constate que j'adopte de plus en plus de techniques empruntées à la poésie. Ou à la sculpture. Râper, riper, ébarber, buriner. Avant, j'attendais la dernière minute pour remplir les échéances fixées par mes éditeurs. Et, fatalement, j'étais forcé d'expédier les choses, sinon de les torchonner. C'était ma manière d'éviter les remises en question néfastes au moral et d'obvier (avec succès ?) à la tentation du perfectionnisme. Manière puérile, j'en conviens. Manège de gamin turbulent... Pondre vingt, trente, quarante pages d'une traite, au débotté, était un enchantement renouvelable à l'infini, un prodige à portée de main quelle que fût l'heure du jour. (Ou de la nuit.) Il me suffisait de débarrasser ma Remington de sa housse de plastique antipoussière et de taper, taper, taper. En réprimant les dissensions entre mes idéaux nobles et mes vanités endémiques, je gardais une image archipositive de ma personne. Et je refoulais dans une effervescence de derviche tourneur le spectre de la panne, cette urne de cendres, ce cercueil descendu de son catafalque de marbre et escorté par un régiment d'anges aux pieds fourchus et de vampires encagoulés[18]. Je refuse aujourd'hui les

---

18. Ce qui mine l'amour-propre et sape la confiance en soi ne demande qu'à prendre des allures d'apocalypse.

commandes qui me placeraient dans des conditions où il me faudrait produire à toute vapeur. (Rien ne me consterne plus que de voir galvaudé un sujet prometteur.) Avec le temps, j'ai contracté une allergie aux savanes mal défrichées. Je leur préfère les humus arides dont la flore, quoique pâle et gracile, résiste aux sécheresses et aux gelées. Après avoir domestiqué la patience et la pondération, me voici à apprivoiser la placidité. Aussi austère que le taï chi, cet entraînement s'avère un exutoire aux vertus cathartiques. À me ralentir ainsi, est-ce que je ne sacrifie pas une partie de cette fameuse spontanéité qui enfle les mots de significations inédites et les rend pétillants comme des bulles de champagne ? Je suis sûr que non. La spontanéité n'est qu'une apparence qui se moque éperdument que j'exulte ou que je me cabre, que je sois pimpant ou en proie aux regrets. Employant mille subterfuges, elle tire son prestige de l'art consommé avec lequel elle dissimule la peine qu'elle se donne pour feindre la désinvolture.

Le meilleur moyen d'avoir d'agréables surprises en écrivant un roman est paradoxalement d'en préparer la rédaction avec soin. En général, cette préparation me fait dépenser une boîte de crayons à bille et dix paquets de fiches. Je développe mon plan jusque dans le détail[19], triant le matériel, répertoriant les thèmes à traiter, soudant les éléments hétéroclites, ficelant l'intrigue... Je dessine même des planches de story-board pour mieux me représenter un bijou, une breloque, un tablier de cuir, une salopette, un costume trois-pièces, une paire de chaussures, une robe de chambre, le motif d'une cravate,

---

19. Même s'il m'arrive d'user de schémas, ma prédilection va aux plans qui sont faits de phrases complètes.

la frange d'une écharpe. Pourtant il y a toujours des rebondissements imprévus. Mes personnages ont heureusement assez de vie pour ne pas rester en pénitence dans
les décors où je les ai casés. Ils en font à leur tête et je
leur laisse toute la latitude qu'ils désirent. Aguichés par
ce qui se brasse dans les coulisses, ils retroussent leurs
manches pour se colleter les uns aux autres[20]. Je ne serais
pas étonné qu'ils tentent bientôt d'usurper mon iden-
tité. Ils ont coupé le cordon ombilical.

À la limite, ils pourraient exister sans moi.

---

20. Ils n'ont fait vœu ni de chasteté ni de non-violence. Ne vous fiez pas
à leur air éberlué : ils sont déjà corrompus par les rumeurs du monde extérieur.

3

MOI QUI SUIS EN BONNE SANTÉ, je me surprends encore
à envier le sort d'auteurs atteints d'une invalidité permanente ou d'une maladie incurable. Quand j'ai commencé
dans le métier, une pléiade d'écrivains étiques et souf-
freteux me servaient d'idoles. Je les portais aux nues, je
les vénérais. Pieusement, je colligeais les légendes qui
circulaient à leur propos et j'en rebattais les oreilles de
mes petites amies. Parmi ceux qui étaient l'objet de mon
adulation, outre Tchekhov et Kafka, il y avait Joë
Bousquet, Flannery O'Connor, Witold Gombrowicz...
   Mes anthologies personnelles (extraits de lettres ou
de journaux intimes recopiés sur des feuilles volantes,
photos glacées découpées dans des magazines français,
anglais ou américains) ressemblaient à des martyrologes.
Je croyais naïvement que mon talent augmenterait d'un
cran si une maladie (de préférence, épidémique) me
clouait au lit pendant un certain laps de temps. « Je suis
contagieux. Mes médecins m'ont mis en quarantaine. »
Bah ! à défaut d'une maladie, je me serais sans doute
contenté d'une convalescence après une chirurgie majeure, une de ces chirurgies sophistiquées qui requièrent
la collaboration de divers spécialistes et qui laissent le

patient pantelant, fourbu, avare des quelques heures de liberté qui lui sont allouées entre les séances de massage et de physiothérapie[21]. Je traversais les rues en diagonale, à brusques enjambées, indifférent à la cacophonie des klaxons. Les insultes proférées par les cyclistes ne me troublaient pas. J'aurais pu être heurté de plein fouet, victime de mon étourderie. Ah ! déambuler entre les rayonnages de mes librairies favorites en m'escrimant avec des béquilles.

Tout cela, au demeurant, n'était pas si déraisonnable. Quand la déprédation physique vous agrippe par le chignon, quelle que soit l'énergie avec laquelle vous gigotez, vous n'avancez plus d'un pouce. Stoppés dans vos cavalcades, arrachés à l'hystérie universelle, voici que vous sondez vos cavités, palpez vos ganglions, inspectez vos ecchymoses. Vous surveillez vos constipations, vos diarrhées. Vous vous auscultez, tic-tac, tic-tac, tic-tac... Vous consignez par le menu les inconstances de votre libido. Le moindre de vos frissons est soumis à une multitude de grilles d'interprétation, ce qui entraîne quinze, vingt, trente diagnostics divergents. Vous êtes extirpés du tourbillon planétaire avec vos cliques, vos claques, vos agendas et vos carnets d'adresses. Inoculant à vos introspections une drogue aux effets souverains (qui tient autant du sédatif que du sérum de vérité), la déprédation physique vous force à vous examiner avec minutie. Vous incite-t-elle également à travailler votre style ? Je ne le pense pas. Ah ! on a le droit de prétendre qu'on distingue mieux l'étoile polaire (ou tel cratère de

---

21. J'imaginais à mon chevet un contingent d'infirmières en vêtements amidonnés se relayant gaiement pour prendre mon pouls, retourner mes oreillers, aérer mes draps, etc.

la lune) en étant juché sur des échasses, mais pas que cela facilite la locomotion. Les escarres n'améliorent guère la qualité d'une démarche, que je sache – *a fortiori* d'une démarche artistique. Les plaies de lit non plus. N'exigez pas de la prostration plus qu'elle ne peut vous donner.

Jaloux des détraqués du corps, j'écrivais avant tout pour ne pas faire naufrage parmi les détraqués de l'esprit[22]. (Ma famille comptant peu de fous furieux, j'accordais moins de crédit à l'hérédité qu'aux augures funestes.) Quel fieffé romantique j'étais ! Comme antidote au désordre mental, j'avais choisi de me claquemurer dans le dictionnaire et d'en dévorer le contenu. Au premier abord, l'antidote des mots s'est révélé pour moi une vraie panacée. (J'allais cependant vite apprendre qu'un rien le rend rance, cet antidote, et qu'il empâte les papilles du palais.) Dieu merci, le sentiment d'urgence qui me caractérisait jadis a diminué avec les années. Je suis en bonne santé mais, à l'exemple des malades, je répugne à gâcher en futilités le temps dont je dispose. En définitive, la seule chose qui m'importe est qu'émanent de ma phrase une sensibilité plus aiguë et une intelligence plus vive que celles qui se dégagent de ma personne.

Oh ! il faut encore que je me démène joliment pour assimiler les matières qui me sont vitales. Au fond, je suis resté un hyperactif. J'ai toutefois appris, au hasard des circonstances, à modérer certains de mes transports. Ainsi ai-je progressivement acquis un comportement zen dont je m'honore et qui confère à mes fantaisies les plus baroques une aura de respectabilité. La timidité qui m'a

---

22. Est-ce toujours le cas ?... Là-dessus, je réserve mon opinion.

toujours incommodé dans mes relations privées a fini par grignoter un peu du strass et du clinquant que j'arbore en public. Et je n'ai strictement rien à réfuter à ceux qui soutiennent, non sans perfidie, que cette situation m'arrange. Il faut encore que je me démène, oui.

Si je vous raconte comment, quand j'étais pensionnaire au collège, se terminait la journée qui précédait la rentrée, je ne m'écarterai pas du sujet de ce chapitre. Tout le long de mon adolescence, je me suis en effet livré au même rituel. Ce que j'appelais avec ironie ma cérémonie des adieux commençait quand, blotti dans un nid de stratus, le soleil n'était plus qu'un œuf fêlé répandant son jaune sur la ligne d'horizon. (Je n'ai pas – curieusement – de réminiscences de soirées orageuses.) J'enfourchais ma bicyclette CCM et, sifflant du Mozart ou du Trenet[23], j'entreprenais un premier tour du rang Saint-Régis. Boum, faisait mon cœur. La piste était cahoteuse. Je me sentais agréablement bardassé. Panoramique sur le champ d'avoine de Marcel Hébert, travelling sur le pont de ciment de Pierre Bourdeau, etc. En osmose avec les vibrations sonores et lumineuses de la campagne, j'impressionnais dans ma tête des mètres et des mètres de pellicule. De cette façon, quand se serait érodé mon intérêt pour les fastes et l'opulence des offices spirituels, j'aurais plusieurs paysages familiers à projeter sur l'écran gris de mes dimanches, moi dont les parloirs seraient rares avant la Toussaint. Et, plutôt que de bayer aux corneilles dans les cours, je me ferais mon cinéma documentaire. J'avais beau ne pas être du genre à m'ennuyer de ma paroisse, je préférais prendre mes précautions. La veille du départ, je recensais donc les

---

23. Mes goûts en musique ont toujours été éclectiques.

sites qui m'étaient chers. Une fois, deux fois, trois fois... Le vent me titillait la nuque. Je sifflais, recroquevillé sur mon guidon. Le dernier tour, je le faisais hors d'haleine, dynamisé par les refrains qui se bousculaient en moi. Je revenais au bercail à la tombée de la nuit, ivre des effluves de la végétation automnale. Dans l'étang aux quenouilles, les ouaouarons coassaient à pleins poumons. Se prenaient-ils pour des muezzins ? Avant de remiser mon vélo au fin fond du garage, j'en dégonflais les pneus. Même si je les lavais avec un savon abrasif contenant de l'ammoniaque, mes mains conservaient jusqu'au matin l'odeur du caoutchouc brûlé. Pour quelques heures encore, j'étais un barbare. Le lendemain après-midi, je retrouverais le monde policé des fils d'avocats et des neveux d'abbés.

Je dois avouer que j'éprouve encore régulièrement le besoin de faire provision d'images[24]. À vrai dire, je suis toujours en chasse. Voilà plus de quarante ans que je remplis des fiches avec ce que j'observe et ce que j'entends autour de moi. Je suis de ceux qui sont convaincus que l'inspiration vient de l'extérieur et qu'on risque l'anémie si on se nourrit exclusivement de soi. Dans l'atmosphère polluée des cabinets d'étude, les meilleures idées s'affaissent, dégénèrent, moisissent. Même les créateurs reconnus pour leur égocentrisme ne récusent pas cela. Je suis en chasse, oui, et tout ce que j'ai dans

24. Depuis que mon père est mort, je ne peux plus aller à ma guise sur les lieux de mon enfance. Par exemple, je me sens ridicule de quitter l'autoroute pour passer devant la maison où je suis né. Ce crochet fait trop pèlerinage à mon goût. (Il n'y a pas plus démuni que moi devant les accès de nostalgie.) Quand mon père vivait, même si nos rapports n'étaient pas franchement cordiaux, j'avais le prétexte de lui rendre visite pour me retremper dans l'ambiance du rang Saint-Régis. J'envie ceux qui ont chaque jour sous les yeux l'environnement où ils ont grandi.

ma gibecière est matière à trophée. Il m'arrive de capter l'inspiration en étant distrait, occupé à boire, à manger, à conduire. (Je peux aussi, par coquetterie, adopter la pose classique et me caresser le menton d'un air pensif.) En vérité, capter l'inspiration n'exige aucun talent particulier. Il suffit pour cela d'être disponible. C'est le côté « dictée des muses » du travail de l'écrivain. Ce qui importe plutôt, c'est de réaliser le développement optimal de l'inspiration dont on est le dépositaire. Moi, je mobilise mes énergies là-dessus. N'est-ce pas la responsabilité qui m'incombe ? Pour mener à bien ce développement (car c'est un processus d'émulsion), il me faut être en totale connexion avec ce qui m'échauffe et m'allume. Puisque le traitement des données qu'ils ont recueillies à gauche et à droite s'effectue en leur for intérieur, certains artistes s'illusionnent sur l'origine de l'inspiration et finissent par se persuader qu'elle couve quelque part entre le cœur et le cerveau.

Il est tenace, le mythe de la création en vase clos.

Comme je l'ai mentionné, j'ai du mal à comprendre les gens qui languissent dans l'attente d'une parousie. Les mélancoliques forment une race qui m'est aussi étrangère que celle des reptiles. Animaux à sang froid, leurs mœurs sont bizarres et les axes sur lesquels ils se meuvent ne croisent guère les miens. Depuis que j'ai l'âge de raison, je compte sur les doigts d'une main les jours où j'ai trouvé la vie plate. Si j'engrange des images en quantité (presque) industrielle, ce n'est pas pour reconquérir quelque paradis perdu. Ni pour assouvir mon vague à l'âme. C'est pour me prémunir contre la disette. Avec ce qui fermente dans mes dossiers et se décante au ralenti, j'ai des réserves pour au moins quinze années de vaches maigres.

J'ÉCRIS TOUT LE TEMPS

Pour m'analyser, moi, il ne m'est pas nécessaire d'interrompre les occupations qui me sont habituelles. C'est une prérogative du métier que j'ai choisi. Je pourrais même pousser le bouchon un peu plus loin en attestant qu'une partie de ma tâche d'écrivain consiste justement à scruter à la loupe les plis et les replis de ma conscience. La plupart des personnes qui m'entourent ne s'intéressent à leur moi intime que si elles sont désœuvrées. Dans leur esprit, introspection et oisiveté sont synonymes. Pour elles, s'ennuyer est l'occasion de s'épouiller à leur aise, roulées en boule comme les chimpanzés des zoos. Et elles font cela avec une gloutonnerie molle, poisseuse. Cette attitude vient en droite ligne de l'adolescence[25]. Romanciers et essayistes bénéficient d'un avantage de taille sur le simple quidam : chez eux, l'introspection est une activité hautement productive. Le revers de cette médaille est qu'ils ne peuvent s'y adonner dans la douce indolence du farniente. Ils ne s'étudient pas, ils s'épient. On dirait qu'ils cherchent à ressembler à des bêtes aux abois. Ils n'ont pas tort, remarquez. La léthargie serait une calamité qui les détournerait de leur vocation et les déposséderait de leur art de manière rédhibitoire, une malédiction dont les séquelles seraient effroyables.

---

25. À douze ans, on claironne son spleen. Tout ce qui plombe l'existence est monté en épingle. On chérit ses cafards comme la prunelle de ses yeux.

4

J'AI ÉTÉ ASSEZ LONGTEMPS CRITIQUE pour pouvoir affirmer sans l'ombre d'une hésitation qu'écrivains et journalistes exercent des métiers distincts. Ils ont les mêmes outils, i. e. la panoplie des verbes, des adverbes, des noms, des pronoms, mais ils ne les manipulent pas de la même façon. Je parle par expérience. Les armuriers, les cireurs de souliers, les coiffeurs, les lads, les égoutiers, les ramoneurs, les goudronneurs, les colleurs d'affiches, les déterreurs d'ossements, de vases étrusques, de quipous incas ont beau tous se servir de brosses, ils n'appartiennent pas pour autant à la même unité corporative. Sauf erreur, ils ne cotisent pas au même syndicat.

Écrivains et journalistes partagent néanmoins un privilège, celui de faire leur examen de conscience au vu et au su de tous. Inventorier ses fautes dans la préface d'un recueil de poèmes érotiques ou dans les colonnes d'une chronique culinaire est un acte très libérateur. Les membres des autres professions, eux, sont contraints de s'expliquer entre les quatre murs d'un bureau insonorisé ou, dans les cas graves, devant des comités de discipline. Stoïques ou penauds, ils acquiescent aux réprimandes, ils souscrivent aux sanctions dont ils écopent. Ah ! le charme convulsif de la confession publique avec ses exhortations, ses soupirs, ses esclandres... Nul succédané, nul substitut ne peut l'égaler.

Je me rappelle un cocktail de lancement des années soixante au cours duquel j'avais eu une conversation avec un écrivain d'un âge respectable (dont je tairai le nom pour ne pas ouvrir une parenthèse qui s'étendrait sur une demi-page) qui m'avait confié s'être embarqué dans une vaste entreprise autobiographique et, en raison d'une santé chancelante, avoir perdu en moins de trois mois l'énergie nécessaire pour mener son projet à bon port. « Pour couronner le tout, j'ai attrapé un de ces bacilles importés d'Asie qui vous broutent la flore intestinale et vous perforent les boyaux. » Il était trop orgueilleux pour s'apitoyer sur son sort. Un des trucs qu'il avait trouvés pour suppléer à sa séance quotidienne d'écriture était de sauter dans un taxi et d'errer à travers la ville. Quartiers huppés, zones industrielles, secteurs en décadence... Assis sur la banquette, il racontait au chauffeur ce qui lui passait par la tête. « L'habitacle d'une voiture est moins exigu qu'un confessionnal. Si on tient mordicus à l'obscurité des églises, on n'a qu'à rouler après la fermeture des bars. Je connais des rues commerciales qui, désertes, ont la majesté des cathédrales. » En effet, vous vous exprimez très librement quand vous êtes dans un taxi. Vous épluchez votre passé. Vous fusionnez les pochades avec les épopées, les idylles avec les escarmouches, le rocambolesque avec le pathétique. Vous retombez en adolescence, vous jetez votre gourme, vous vous défoulez sans pudeur ni retenue. (Il vous est aussi loisible de faire le trajet sans desserrer les dents.) Une heure par jour de ce régime peut remplacer une psychanalyse. Est-ce moins onéreux ? Le compteur est là, sous le tableau de bord, pour vous indiquer que le temps dont vous disposez n'est pas illimité. Et, à moins d'avoir derrière le volant un bavard invétéré, vous n'êtes normalement pas dérangé par les réactions de votre interlocuteur. Son rôle est de conduire et d'écouter. Parfois, à un carrefour, vous croisez son regard dans le rétroviseur. Vous continuez à vous débonder. À peine faites-vous une pause de quelques secondes quand le répartiteur s'égosille dans le haut-parleur du radiotéléphone. Au terme de votre balade, il vous arrive d'avoir le hoquet. Je suppose que c'est un des signes que le fétide, l'immonde, le scabreux ont réussi à crever la surface de votre discours.

N'écrit-on pas d'abord pour évacuer les éléments qui nuisent à la chimie de l'âme ? Et n'est-ce pas en mettant ces éléments au net qu'on se les révèle véritablement à soi-même ? Un survol de la matière de mes premiers romans m'amène à répondre oui à ces deux questions. Et j'ajouterai que j'ai été ébranlé maintes fois par ce que j'ai découvert de la sorte. Émotion claire, émotion nue... Les problèmes ne font leur apparition que lorsque c'est au lecteur qu'on se mêle d'apprendre des choses. Cette prétention ne pardonne pas, nous le savons tous. On ne s'ingère pas impunément dans la culture ou dans la morale des gens. À l'encontre du théâtre, du cinéma ou de la danse, l'écriture est un art d'anachorète. Toute complicité avec autrui en est irrévocablement bannie. Impossible d'engendrer une œuvre d'une certaine ampleur si on est réfractaire à l'isolement. Le brouhaha n'est guère propice à la littérature... Trêve de généralités. Revenons au point de départ de ce paragraphe. Oui, j'ai commencé à composer des textes de fiction pour me rendre la vie supportable. (Je ne suis évidemment pas le seul dans ce cas.) Le Poupart taciturne qui ruminait en secret a trouvé dans les mots le moyen de transmuer les marécages de son asthénie en une jachère susceptible d'être exploitée. Cela posé, vous devinez bien que je ne suis pas capable d'imaginer à quoi j'emploierais mon existence si je cessais abruptement d'écrire. Dès que mes vacances excèdent deux semaines, j'y vois un hiatus dans mon rythme de production et je dois me faire violence pour ne pas y mettre le holà à la vitesse grand V. Même si j'ai mûri depuis l'époque du collège, la perspective d'avoir à endurer des tourments similaires à ceux que j'ai connus à la puberté m'effraie, je ne m'en cache pas. (Et il n'y a pas une once de sarcasme dans cet aveu.) Quand une vieille blessure s'infecte, les conséquences sont souvent mortifiantes. Je ne suis pas à l'abri du danger, non. J'ai donc décidé d'écrire pour me délester du fardeau des convenances et pour briser le cerceau d'angoisse qui m'enserrait la cage thoracique. Il est patent que, par ricochet, cela m'a beaucoup aidé à comprendre mes semblables. Moi qui aime étudier les comportements, au nom de quelle aberration me priverais-je un jour d'un instrument si précis, si performant ?

Il y a des matins où, si je veux m'adresser à une personne qui manifeste un tant soit peu d'intérêt pour mes préoccupations, je n'ai qu'une solution décente, c'est de me parler à moi-même. Écrire est une des manières les moins suspectes de soliloquer. On écrit, entre autres, pour avoir l'impression de communiquer. Avec quatre mots gribouillés dans un calepin, on combat le désespoir, l'amnésie, l'affliction, on lutte contre les sortilèges du repli sur soi. Au lieu de tourner le dos à la vie, de s'épivarder sous trois édredons, volets clos, stores baissés, au lieu de bouder derrière une boîte de mouchoirs, on bouge, on s'empourpre, on brûle des calories. Plus jeune,

je me regardais volontiers écrire. Je n'avais aucune espèce de réticence à me donner en spectacle à moi-même.
Je glissais dans la machine deux feuillets huit et demi
sur onze de ce papier flavescent et poreux que j'achetais
en rame chez Payette & Payette. Deux feuillets, un car-
bone. Après m'être essuyé les mains, je tapais en giclée
dix-quinze phrases, singeant les ahans frénétiques d'un
Glenn Gould, d'un Keith Jarrett. Puis je buvais une gor-
gée de café au lait, ouvrais mon Grevisse, corrigeais une
faute d'accord, mangeais avec gourmandise la moitié
d'un muffin aux raisins... Les didascalies ne variaient pas
beaucoup d'une séance à l'autre. Rivé à mon siège, je
me jouais la comédie de l'auteur survolté. Je trichais
éhontément sur la dose d'adrénaline dont j'avais besoin.
J'étais conscient de parodier un rituel[26]. Il m'arrivait
même de me payer des tracs qui me lacéraient les tripes.
Je serrais les jambes pour m'anesthésier le bas-ventre et
les testicules. Fini, ce cabotinage. Je me répète à présent
que le livre sur lequel je trime vaut bien davantage que
l'individu (somme toute, assez banal) que je suis. Là-
dessus, mon intransigeance augmente en proportion des
années qui s'écoulent et des projets qui avortent avant
que j'aie la possibilité de les énoncer, fût-ce sommaire-
ment. J'utilise ma concentration à fignoler, à astiquer
mes phrases. Soyons honnête. J'essaie de l'utiliser à... Je
suis devenu un artisan. Modeste artisan ? N'exagérons
rien. Je me demande même si les gestes d'artisan dont
je suis si fier ne sont pas, pour une large part, des artifices
de mise en scène. Suis-je différent de ce vieil auteur qui,
rassemblant ses forces évanescentes, se délectait de l'ambiance des taxis ?

---

26. Pourquoi l'exhibitionnisme serait-il l'apanage des acteurs ?

Nombre d'écrivains confondent les transports de l'inspiration avec ce qu'ils ont à dire. Alléchés par le dodu d'une allégorie ou par l'acidulé d'un trait satirique, ils se ruent avec une avidité de pique-assiette sur les galantines, les gratins, les flans qui sortent des cuisines, ce qui ruine l'aménagement du buffet. Après de telles avalanches, une table plantureuse n'a plus à offrir qu'ordures et rogatons. On court à sa perte si, dans la cohue des sprints d'écriture, on enfreint les règles qu'on s'est fixées au départ. Tout le long de ce *work in progress* qu'est la ronde des brouillons, il importe de s'en tenir à ce qui est dans son registre. Seuls les mauvais rôtisseurs nappent de sauce des viandes qui ont macéré des heures dans les épices et le vinaigre... Loin de moi l'idée de m'insurger contre les digressions. Ce serait idiot de ma part. Souvent la digression est l'unique issue envisageable pour conserver leur tension aux vecteurs qui sillonnent le texte et ainsi sauvegarder le chassé-croisé, la farandole des mots à l'intérieur des paragraphes[27]. Il est d'ailleurs très rare que la cohérence d'une page ait à souffrir des digressions.

L'artiste doit toujours avoir clairement en tête qu'il existe en tant que créateur par le biais de la forme qu'il donne à la matière. À la limite, le fond n'est là que pour la forme. (On voudra bien excuser la facilité de la formule.) Les êtres qu'il invente sont faits des mêmes molécules que ceux qui peuplent comptines, chansons, légendes et contes populaires. Ils ont le même poids, la

---

27. Une digression est un prédicateur bègue, un prébendier charitable, une chauve-souris albinos, une serveuse de snack-bar admise dans le cénacle des échansons, une supernova éclatant au nadir d'un ciel constellé d'astres tranquilles, etc.

même densité. Les décors qu'il plante derrière eux sont les vestiges des contrées de ses songes. Monde infime, dérisoire, chimérique... L'ambition de l'artiste n'est pas de nous apprendre à vivre (encore moins de changer les mentalités ou d'organiser des révolutions[25]), mais de nous montrer la réalité courante comme jamais nous ne l'avions vue jusqu'alors – et d'ourdir à cette fin les machinations les plus fabuleuses qui soient. C'est en dépeignant à sa façon l'univers qui nous entoure que l'artiste témoigne le mieux de ses pouvoirs de démiurge.

Si on souhaite concilier écriture et thérapie, il faut à mon avis éviter de consigner ses rêves ou de rédiger un journal. Bien sûr, il est permis de parler de soi dans ses textes, mais il vaut mieux alors avoir recours à des subterfuges comme le pastiche, le lipogramme, le haïku. (En ce qui me concerne, je ne déteste pas à l'occasion plier la syntaxe de ma phrase à la martiale prosodie de l'alexandrin : douze pieds, deux hémistiches, une césure : rataplanrataplan / rataplanrataplan.) Bref, le premier degré est presque toujours à proscrire. Que voulez-vous, les mots ont tendance à filer à vau-l'eau quand ils ne sont pas harnachés correctement. La thérapie efficace passe par le ludique, car il convient de ruser avec la nostalgie, la désillusion, l'abattement. Ce sont là des humeurs qui boursouflent les paupières et enveniment l'inspiration. La thérapie efficace passe par l'espiègle et le fripon, ce qui n'étonne pas puisqu'elle puise ses remèdes dans l'enfance. Moi qui suis peu enclin à pérorer sur la condition humaine, le style qui m'est naturel est celui du badinage. Je manque de sérieux et je m'en félicite. Le ton docte est si traître...

---

28. Si quelques-uns y parviennent, c'est purement accidentel.

Toutes les contraintes ne sont pas bonnes à suivre. Il en est de fourbes, il en est de perverses qu'on ne fait siennes que pour avoir l'air déluré. Le plus odieux de ces jougs reste l'autocensure. Je le sais pour l'avoir pratiquée sur les conseils de confrères que mes audaces irritaient. L'autocensure rend les textes plus compacts, plus tassés. Pendant un temps, elle paraît même stimuler la sagacité. Elle finit toutefois tôt ou tard par assoupir le cerveau. Sous son empire, vous vous caparaçonnez derrière les procédés éprouvés et les stéréotypes. Vous piratez les almanachs. Vos prophéties deviennent de la même encre que les horoscopes du *Lundi* ou les apologues des biscuits chinois. Bardé comme un hoplite, vous ergotez. Vous chavirez dans la casuistique. Vous écrivez pour les directeurs littéraires, les critiques, les jurys de bourses.

Or, quand on a quelque chose à dire, on écrit d'abord pour soi. On écrit pour passer à travers les tribulations de la vie quotidienne, pour démêler une situation qui semble inextricable, etc. Tant mieux si cela profite à d'autres, mais ce n'est pas le but premier de l'opération. Que gagne-t-on à être au service du public ? Des bagatelles : statuettes en or, présidences d'honneur, rubans à couper... Bah ! gardons nos rôles respectifs. (Hors des foires, des carnavals et des orgies, les saturnales sont d'une parfaite incongruité.) Puisqu'on écrit pour soi, il est absurde d'attendre du lecteur des marques de gratitude. Si une des rubriques de cet essai vous instruit sur vous-même, ce sera aimable à vous de m'exprimer votre reconnaissance – et je vous en remercierai sans doute en bonne et due forme par retour du courrier. Je n'escompte cependant rien de tel. Rejoindre le lecteur est un accident qui relève moins du dévouement de l'auteur à sa mission que de la vieille théorie des atomes crochus. En vérité, cela n'arrive que si le lecteur y met du sien.

J'ai vu récemment, lors d'un concert symphonique, les musiciens s'adresser des sourires de connivence en refermant leur partition. Que s'était-il passé pendant l'exécution de la pièce qui m'avait échappé ? Évidemment, je ne l'ai pas su. Des accords s'étaient joués au-dessus de ma tête, au sens propre comme au sens figuré. J'avais le sentiment d'avoir été exclu de... De quoi, au juste ? Mystère. Je rapporte cette anecdote pour illustrer le fait qu'écrire pour soi ne signifie nullement s'amuser au détriment du lecteur. Le lecteur, il faut le mettre dans le coup. Et l'y maintenir. Je ne parle pas ici du plus bas dénominateur commun, qui est une notion abjecte. Je parle d'autre chose. Même si on écrit pour soi, la décision de publier trahit l'intention de trouver un écho à ce qu'on a énoncé dans le silence de son cabinet. (Un écho ou, dans l'hypothèse idéale, une réponse.) On veut toucher quelqu'un. Ce quelqu'un, on est déterminé à susciter sa sympathie, à recueillir son suffrage. On ne lui inflige pas le supplice de la condescendance. On ne l'immole pas sur l'autel de l'art pour l'art, on ne l'ensevelit pas sous une chape d'indifférence. Moi, j'essaie de prêcher par l'exemple. C'est pourquoi jamais dans mes livres pour enfants il n'y a de jeux de mots conçus pour divertir les adultes. Ce serait déloyal. Quand, à cinq ans, j'écoutais ma mère me lire les aventures de mes héros favoris, rien ne me frustrait davantage que de l'entendre pouffer de rire devant un calembour dont je ne saisissais pas le sens. Pour rompre un lien de confiance, ne suffit-il pas d'une pirouette, d'une blague, d'un aparté ?

Je fredonne sous la douche une rengaine attrapée tout à l'heure à la radio. Dans l'autobus numéro 18, malgré le vacarme des marteaux-piqueurs à l'œuvre entre Papineau et de Lorimier, des hommes et des femmes récitent leurs prières. Certains relatent leurs insomnies à un chauffeur de taxi. D'autres se régalent des statistiques sportives du *Journal de Montréal*. Le chat ronronne sur sa couverture. Après avoir raccompagné son dernier client jusqu'à la porte, le barman du *Mistigri* suspend son spencer à un cintre de métal, l'époussette d'une chiquenaude, en retourne les poches : la monnaie qu'il y trouve, il la fait tinter un moment dans le creux de sa main. Nous exprimons tous la même chose, soit le plaisir (fugace, certes, mais incontestablement réel, tangible, prégnant) d'être en vie. Apaisante satisfaction, oui... Récupérer des bribes d'une chanson de Nougaro, marmonner quelques vers d'une stance de Malherbe, improviser un twist sur les invocations du *Je vous salue, Marie...* Les petits bonheurs ne s'extériorisent que de manière confuse. Le ronronnement n'est-il pas le mantra du chat ? Faire le vide à l'instant précis où je m'assois devant mon ordinateur est du même ordre, il me semble. Moi, j'appelle cela rentrer sous ma carapace, dans cette région intime où égoïsme et abnégation ont la même définition. Si je ne réussis pas en une minute à faire abstraction des ressorts qui couinent dans les entrailles de mon fauteuil (ou de l'odeur de soufre qui vient de la rue), c'est que ma concentration laisse à désirer.

5

CHAQUE SEMESTRE, je reçois des publicités faisant l'éloge de stages de création condensés en un week-end où, pour quelques centaines de dollars, on m'offre de me familiariser avec les procédés de base de la rédaction littéraire. Non, je ne m'offusque pas de ces envois. Ne suis-je pas dans le bottin ?... J'espère juste que, dans ces ateliers (dont on confie les rênes à des animateurs qui empruntent plus aux gourous qu'aux pédagogues, dynamique de groupe oblige), on vous enseigne à ne jamais laisser un de vos auteurs préférés commencer une histoire à votre place. Attention aux mots cinglants, aux saillies à l'emporte-pièce, aux aphorismes sanglés comme des soldats de parade que vous retenez par-devers vous pour les poster en sentinelles à la frontière de vos textes ! Je suppose que vous voyez là un moyen de piquer la curiosité du lecteur. En réalité, ces exergues font office de douaniers. Douaniers zélés, diligents. « Passeport, s'il vous plaît ! » Et je te zieute, et je t'interroge, et je te fouille de la tête aux pieds. Dans le meilleur des cas, il vous faudra au moins trois paragraphes pour vous relever d'une telle bévue et réparer le préjudice que vous aurez causé à vos écrits en vous dispensant d'y imprimer votre marque dès le départ. Je vous déconseille d'avoir des dictionnaires de citations à portée de la main. Évitez de saccager les chefs-d'œuvre. Les poètes illustres, les romanciers de génie, exilez-les au diable vauvert. Parquez-les dans ces obituaires que sont les anthologies.

Vous, occupez-vous de vos oignons.

La phrase initiale doit être de votre cru. Sa fonction consiste à désarçonner le lecteur pour le faire basculer dans votre monde. Peu importe que cette phrase caricature l'atmosphère qui régnera par la suite, peu importe qu'elle véhicule des impressions fausses ou qu'elle ait sur le moral des troupes un effet ravageur. Elles auront amplement le temps de corriger leur approche, les troupes, et de rectifier leur tir. Ne réquisitionnez pas pour elles civières, grabats, potences à soluté… Contentez-vous de leur assigner une vaste aire de manœuvres et elles s'y déploieront à l'aise.

Les adversaires de cette stratégie estiment, eux, qu'il est capital de donner l'heure exacte dès l'incipit, le récit dût-il démarrer avec dix ou vingt pages de retard. « Avant de vous lancer dans quoi que ce soit, faites bien les nuances qui s'imposent. » Les sursis ne gênent pas ces théoriciens pour qui sont suspectes les techniques qui postulent une part d'éloquence. Entourloupettes, chicanent-ils. Tactiques enjôleuses, sournoises… Selon eux, l'éloquence débouche nécessairement sur les emphases de la démagogie. J'admire ce souci d'honnêteté qui est leur emblème, mais je n'aurai pas l'hypocrisie de suggérer que je souscris à leur doctrine. Je crois plutôt qu'à trop se becqueter les plumes avant de sauter du nid, l'oiseau risque de s'éjointer une aile. Et s'il n'est pas capable de s'envoler, l'oiseau, vous le verrez tomber comme un caillou dégringolant d'un rocher de granit.

Pour continuer dans les catégories, il serait bon que j'explique ici comment je classe les écrivains qui se consacrent au maniement des idées. D'abord, il y a la majorité de ceux qui, s'asseyant devant la page blanche, ont déjà sur les sujets qu'ils traitent des opinions définies. Matière malléable, les mots leur servent à traduire ce qu'ils pensent. Il y a ensuite les autres[29], minorité discrète, qui dissèquent le langage. Ils s'exemptent d'user de lieux trop communs et rêvent d'entamer la pérennité des apories, des sophismes, des dilemmes qui travestissent la nature des choses. Les mots leur servent non à traduire mais à trouver ce qu'ils pensent – et à y donner forme. Dégraisser, couper, caviarder. Leurs instruments de prédilection sont la gomme à effacer, le marqueur en biseau, le pinceau correcteur. Moi, j'appartiens à cette école. Pour réfléchir, je dois m'enfoncer jusqu'au cou dans les arcanes de l'alphabet. Tandis que je me démène pour débourber mes phrases et les rendre moins approximatives, ma pensée éclôt, se développe, s'épanouit.

Même si le plaisir que je prends aux discussions intellectuelles est incontestable, je suis bien obligé d'admettre qu'en règle générale les échanges verbaux ne me réussissent guère[30]. Mes proches savent avec quelle célérité j'esquive les véritables débats. Ce qui m'excite dans les joutes oratoires, c'est leur aspect corrida. J'ai en réserve des dards et des banderilles – reparties que, volubile, je distribue à gauche comme à droite, et dont j'ai déjà

---

29. Oublions pour l'instant les catégories intermédiaires, les zones limitrophes, les variétés de camaïeu...

30. Pour ne pas ressasser toujours les mêmes marottes, j'inscris régulièrement sur des fiches les composantes (thèmes, sous-thèmes, images charnières, leitmotiv) des conversations que j'ai avec les miens. Force m'est de reconnaître, en relisant ces fiches, que je parle souvent pour ne rien dire.

éprouvé l'aplomb. Un rabâcheur, voilà ce que je suis. Ma loquacité s'épuise en boniments. Je n'invente rien dans les palabres parce que je me rebiffe à me livrer à quelque recherche que ce soit en présence de témoins. Orgueil mal placé ?... J'en connais qui créent des choses formidables en devisant avec des amis. Ce n'est pas mon cas. J'ai beau me sentir à l'aise en phalanstère, je suis le premier à célébrer les vertus de la retraite. Et les idées qui, par exception, me viennent en dehors de la solitude de l'appartement, des restaurants ou des autoroutes me semblent les fruits d'un bavardage aussi ahurissant que futile, denrées avariées d'un poids très inférieur à l'enveloppe de lettres qui en constitue l'emballage.

Lorsqu'on pense, c'est avec des mots – d'où l'importance d'avoir un solide vocabulaire. Se concentrer, c'est se parler à soi-même. Pour ne pas laisser son esprit batifoler au gré des stimulations des sens et gambader en chien fou dans tous les azimuts, on prend assidûment en note les flashs qu'on a. On les trie, on les étiquette. C'est seulement là, moi, que je commence à penser. Cette gymnastique que je fais avec un crayon et du papier (ultérieurement, devant l'écran de l'ordinateur) me permet de critiquer mes intuitions, de les affiner, de les convertir en images. Je suis trop dissipé pour faire travailler mes cellules grises sans avoir recours à l'écriture.

Combien de temps faut-il penser avec les mots des autres avant d'être capable d'élaborer sa propre grammaire et de penser avec ses propres mots ? Cela dépend des individus, des époques. Personne en tout cas ne fait l'économie de cet apprentissage. Nombreux sont ceux qui d'ailleurs ne parviennent jamais à acquérir assez d'autonomie pour concevoir une œuvre originale. Empiler les citations, voilà à quoi se résume leur esthétique.

Une brique beige, une brique ocre, une brique beige... Et le liant du mortier dans lequel s'emboîtent ces briques est un mélange de commentaire et de paraphrase. Mélange épais, gluant. Rien d'étonnant à ce que les textes que nous construisent ces maçons d'opérette s'éboulent au fur et à mesure que nous y entrons. D'autres, après avoir braconné sur les terres de leurs prédécesseurs, finissent par découvrir le genre de chasse qui leur convient. Pour affirmer leurs goûts et affermir leur jugement, ils auront eu besoin de régler leur démarche sur celles d'écrivains de renom. Leur mimétisme aura duré cinq, dix, vingt ans...

Jusqu'à tout récemment, j'aimais au détour d'un paragraphe (bien entendu, sans guillemets) reproduire un vers de Ronsard, de Musset, un clip de Rutebeuf, de La Fontaine[31]. J'étais comme les jazzmen qui insèrent dans une composition quelques notes d'une mélodie connue. Je m'appliquais à rendre la mixtion homogène, fluide... La plupart de mes lecteurs appréciaient ces clins d'œil, je le sais. Ils n'identifiaient pas toujours avec précision les extraits évoqués, mais le jeu créait une complicité entre eux et moi. Je leur procurais la satisfaction de constater que nous avions des éléments de culture en commun. J'ai renoncé à ces parties de cache-cache. S'agit-il d'une décision arrêtée ?

Le je qui a ici la parole est le même du début à la fin (ou presque le même puisque chacune de mes séances d'écriture me change dans ma manière d'appréhender la réalité), mais il s'exprime tantôt avec une voix de poitrine, tantôt avec une voix de tête. Bien que cet essai

---

31. À l'instar de mes anciens condisciples du pensionnat classique, j'ai en mémoire un imposant répertoire de standards littéraires.

reste à l'échelle de la première personne du singulier, il se veut aussi polyphonique que les plus complexes de mes romans. Je l'ai conçu tel. De toute façon, les textes comme celui-ci ne fonctionnent qu'avec un je (à la fois protagoniste, doublure, confident, coryphée, etc.) doté de la faculté de prendre une distance vis-à-vis de lui-même. Sinon, le style de l'ensemble demeure dans les parages du degré zéro, univoque et monotone comme les autobiographies de bagnards, de proxénètes, d'attachés d'ambassade, d'imprésarios de music-hall, de stars de la porno ou du yéyé, de paparazzis, de globe-trotters, de shamans, de timbaliers, de clapmans, de prothésistes capillaires, de taxidermistes, d'éleveurs de taupes, de fouines ou de chinchillas, de brocanteurs, de gynécologues, de strip-teaseuses, de prestidigitateurs, d'égéries de prix Nobel, de meneuses de claque, de lobbyistes, de marguilliers, de bedeaux, d'orfèvres, de joailliers...

6

MA PREMIÈRE ANECDOTE a pour cadre un restaurant où je mange en compagnie d'une étudiante qui prépare un mémoire sur les vicissitudes de l'édition subventionnée.

— On n'a plus les aréopages qu'on avait, soupire la jeune femme.

— Pardon ?

— Dans *On a raison de faire le caméléon*, vous vous moquez des comités de lecture composés de profs à la retraite recrutés sur le tas et rémunérés à l'avenant. (Cela ne les empêche pas, ces vieilles badernes, de continuer à se battre la margoulette dans les colloques.) Quand je suis tombée là-dessus, la moutarde m'est montée au nez. (Les vendeurs du temple ont donc réussi à amadouer le sanhédrin. L'exploit est à signaler en gras dans les annales.) Quelle compétence ils ont, ces grands prêtres sur le retour, pour évaluer le potentiel des manuscrits qui leur passent entre les mains ? (En une année, cela doit représenter une copieuse fournée.) Je parle du potentiel subversif, du gravier dans l'engrenage...

— Aucune compétence, c'est évident. Le hic, mademoiselle, c'est que mon livre ne prétend pas décrire la... Vous allez vite en besogne.

— Ce n'est pas un portrait fidèle ? (Vous me regardez comme si je débarquais d'un ovni.) Vous avez tout inventé ? De quel droit ?

— Du droit de celui qui n'a pas de comptes à... Pour vous, la fiction ne serait qu'un décalque de la réalité ? (Qu'est-ce qu'on vous enseigne dans vos séminaires de maîtrise ?) *On a raison* n'est pas un reportage sur la communauté littéraire montréalaise. C'est un roman.

— Il n'est pas exclu qu'un roman puisse refléter la...

— Le mot vous est familier ? Je n'aurai pas à vous l'épeler ?

— M'épeler quoi ?... J'ai cru ce que j'ai lu. Excusez mon innocence.

— Ne soyez pas désolée. Vous me prouvez que mes talents sont encore opérationnels.

Pour la seconde anecdote, je dois remonter au début des années quatre-vingt-dix. La scène se déroule après la sortie de *Bon à tirer*, roman adapté d'un scénario de téléfilm qui, à l'instar des trois quarts des projets d'émissions dramatiques, que ces projets soient sollicités ou non, était resté à s'empoussiérer sur une tablette à Radio-Canada. Un journaliste me téléphone pour savoir ce qu'il y a de vrai dans cette histoire de plagiat qui sert de fil conducteur à la narration.

— À ma connaissance, rien.

Il est déçu. Il s'attendait à ce que chacune de mes assertions pût être corroborée. Ah ! l'estampille du C'EST ARRIVÉ. Je n'essaie même pas de lui dorer la pilule en lui expliquant que des faits véridiques se sont imbriqués naturellement dans le récit. Voilà pourtant un sacré bail que ce monsieur est à la chronique culturelle. À titre de critique, il devrait être intéressé par l'aspect cuisine de la fiction. Il préfère s'empiffrer de hors-d'œuvre – et la réalité lui en offre de juteux, de salés.

La réalité dépasse-t-elle la fiction ? Oui et non, serais-je tenté de répondre.

Oui, si vous quantifiez l'intensité des émotions qu'elle suscite. Oui, si vous considérez ses effets sur le système nerveux. Lorsque vous vous réveillez à deux heures et demie du matin parce que les lattes du parquet craquent comme si un voleur s'était introduit dans la maison, votre pouls s'emballe plus que quand Alfred Hitchcock vous montre une blonde en train de se faire écharper dans un motel de troisième ordre du Sud-Ouest américain. Les secousses provoquées par la réalité sont certainement plus dommageables que celles qui viennent de la fiction. La preuve en est qu'on s'éteint après avoir été victime d'une chose concrète : une tumeur, une embolie, un traumatisme, une commotion. Oh ! qu'il y ait des exceptions, j'en suis conscient. Je peux m'étrangler en avalant ma langue dans un accès de rage. Je peux me consumer de douleur à la suite de sévices imaginaires, d'ensorcellements auxquels je n'ai pas su me dérober, de métempsycoses ratées. Cela s'appelle soma-tiser. Et, quand je somatise, je ne suis pas du genre à lésiner sur la mise en scène. Par ici, le Grand-Guignol ! Je peux aussi me retrouver nu dans un tiroir de la morgue, une étiquette attachée à l'orteil, parce que mon cœur n'aura pas résisté à un choc éprouvé au cours d'une de ces fictions qui naissent des profondeurs du sommeil et qui portent le si beau nom de rêves. Cela n'est pas rare. Nous disons des êtres qui nous ont quittés de la sorte qu'ils ont rendu l'âme « entre les bras de Morphée », suggérant par là une mort paisible. Ironie in-volontaire, je présume.

Si vous vous placez maintenant d'un point de vue organisationnel ou logistique, vous constatez que la réalité ne dépasse pas la fiction. La réalité, c'est ce matériau rudimentaire composé de minerai brut et de débris divers (mélange qui n'est d'ailleurs pas dépourvu de qualités plastiques) dont usent les artistes pour leurs constructions. Songez aux cinéastes qui emmagasinent dans leurs grosses boîtes noires des (kilo)tonnes de métrages disparates : voyez-les qui s'affairent durant des mois au montage de ces fragments : en ajointant des retailles de (fulmi)coton, les uns fabriquent des tapisseries aux motifs élaborés, les autres des minuteries de bombes à retardement. Il n'y a pas d'art sans recyclage. Quand un monde inventé paraît aussi brouillon que le monde réel, on est en droit de se poser des questions. Ou celui qui l'a conçu a été paresseux. Ou, bousculé par les contraintes de temps, il a dû se contenter de copier docilement ce qu'il observait autour de lui. (Ou bien c'est le spectateur qui, parce que le bout de sa lorgnette est sale, ne distingue pas ce qui lui est montré.)

La réalité influence la fiction, c'est indubitable. La réciproque se vérifie-t-elle de façon aussi claire ? Ah ! je n'en suis pas du tout sûr. Les censeurs l'affirment pourtant haut et fort, eux qui attribuent à la fiction le redoutable pouvoir d'inciter la population à la désobéissance civile, à l'abandon de famille, au vandalisme, à la fraude, au lucre, au stupre, à l'irréligion et à que sais-je encore. Quel troublant hommage ces tristes sires rendent aux créateurs ! Lorsque la société subit une recrudescence de la violence, admirez le zèle avec lequel ils accusent la fiction d'être responsable de ce fléau. « Supprimez-nous ces détails nocifs, ces remarques malsaines, ces passages délétères... » Rien ne les excite tant que de se disputer dans les arènes politiques et sur les plateaux de télévision. Ils y rivalisent de sévérité et d'intransigeance. Les pétitions dont ils assaillent leurs concitoyens réclament à cor et à cri l'instauration de contrôles sur la circulation des idées. Ils refusent d'admettre que c'est la réalité qui est malade et que la fiction ne fait que témoigner de ce délabrement. Même s'il leur est montré chiffres à l'appui que, pour la majorité des lecteurs, la fiction est foncièrement un compte rendu, une déposition, un procès-verbal[32], ils persistent à vouloir museler le badaud qui revient avec les mauvaises nouvelles.

Dans leur tête, c'est le messager qui est à blâmer, lui qui, à cause de la manie qu'il a de fureter, rapporte la purulence, la puanteur, les virus, les microbes. S'ancrer dans une telle attitude leur donne bonne conscience. (C'est d'ailleurs beaucoup moins exigeant que de chercher à s'attaquer à la racine du problème.) S'apercevant que la réalité est patraque, les censeurs s'en affligent et, pour remédier à cet état de choses, ils décident de soigner la fiction. Ils la traitent avec des bains sulfureux, des douches froides, des diètes, des purges, des saignées, des électrochocs, des excisions, des fractures, des amputations, des cataplasmes, des scapulaires, des oraisons jaculatoires, des actes de contrition, mon Dieu, j'ai un extrême regret de Vous avoir offensé, des vœux, des amendes, des aumônes, des neuvaines, des

---

32. Est-elle aussi un exutoire ? Tout me porte à le penser. Point n'est besoin d'être grand clerc pour constater que, dans mes années de pensionnat, la fréquentation des romans noirs – j'en lisais en moyenne trois par semaine, m'a permis de filtrer (ou de délayer) des tensions qui auraient pu s'exhaler en colères dévastatrices.

pèlerinages. Ils la mutilent, ils la charcutent... Soigner la fiction pour guérir la réalité. Si cette prescription des censeurs repose sur un raisonnement logique, la justesse de ce raisonnement m'échappe complètement.

Les censeurs se disent choqués par tel vocable qu'ils jugent laid, hideux, outrageant. Le nez dans le cahier de solfège, ils guettent les couacs, les bémols éclipsés, les crescendos relégués aux oubliettes. Défense de déroger aux canons des cercles savants, des académies[33]. Plusieurs souhaiteraient même extraire des dictionnaires les mots qui les indisposent. Le mot infirme, le mot estropié, le mot tabac, le mot nicotine. S'ils sont de bonne foi, ils se fourvoient lamentablement. S'ils sont de mauvaise foi, là, c'est une autre paire de manches... En vérité, ce qui leur est intolérable, ce qui leur met les nerfs en pelote, c'est le caractère arrogamment gratuit de la création, c'est la liberté dont elle jouit. Cet axiome, qui prône la souveraine indépendance de l'art, ils ne peuvent pas l'entériner parce que cela leur ferait perdre le nord. Pour eux, les choses doivent avoir une destination précise et s'y acheminer sans embardées ni dérapages[34]. Étant donné que l'art, par sa définition même, ne saurait avoir de destination, qu'il bifurque au gré de ses instincts,

---

33. De leur côté, les créateurs s'ingénient à louvoyer avec les diktats de l'autorité. À l'ère où le code moral des mégastudios hollywoodiens interdisait de montrer un baiser dépassant trois secondes, les cinéastes finassaient avec la norme. (Plus le lion rugit, griffes sorties, gueule ouverte, plus le dompteur ruse avec lui.) Par exemple, ils juxtaposaient une dizaine de plans très brefs de la star embrassant langoureusement son partenaire masculin. Système D... La volonté de berner la censure est un de ces combustibles très volatils qui protègent les soupapes de l'imagination contre l'encrassement.

34. Étonnamment, cela ne les empêche pas d'affectionner le sabir des casuistes, le charabia des bureaucrates, l'éloquence absconse des experts en communication.

qu'il s'oriente d'après ses inspirations, nous ne sommes pas surpris quand il casse d'un coup de sabot le bât qui le blesse, rompt les courroies qui l'entravent, les garrots qui l'étranglent, les lanières qui bloquent la circulation du sang dans ses membres, et se dégage en une secousse du carcan dont il était affublé. Nous ne sommes pas surpris le moins du monde.

Examinons, dans un enchaînement de séquences, la conduite des ayatollahs des régimes totalitaires. Le plus souvent, ceux qui sont l'objet de leur foudre, ce ne sont pas les pamphlétaires qui vilipendent le gouvernement, ce ne sont pas les oracles qui prédisent la répétition des dix plaies d'Égypte (et d'autres cataclysmes tout aussi terribles), mais les snobs, les esthètes, les loustics, les rimeurs de cabarets, les chansonniers, les saltimbanques, les ménestrels, les troubadours, les diaristes à la plume un brin surannée, les épistoliers qui vouent leurs correspondances à l'investigation de peccadilles, ceux qui, du moins en apparence, ne menacent aucunement les structures en place. C'est que, dans leur production, dans leur manière d'être, ces artistes se gaussent du discours dominant. « Derrière leurs loufoqueries, qui sait ce qu'ils complotent ? ! » Par leur burlesque ou leur poésie, ils bafouent la hiérarchie de valeurs de la société. Ils offensent le sérieux. Or, pour s'exercer pleinement, le pouvoir a un insatiable besoin de sérieux.

Un écrivain influence-t-il ses lecteurs ? Évidemment, je parle des lecteurs sains d'esprit. Avec les autres, les gobe-mouches, les siphons, les éponges, les buvards, tous les scénarios restent envisageables. Un écrivain influence-t-il ses lecteurs ? Répondre à cette question par la négative serait accepter que s'évanouissent dans une débauche de poses et d'apprêts les objectifs du travail que je poursuis ici, moi qui mets tant d'ardeur à toucher les gens susceptibles d'entrer en contact avec ma prose. Oui, un écrivain influence ses lecteurs, mais l'emprise que les censeurs le soupçonnent d'avoir sur les âmes est de l'ordre du fantasme, de la chimère. S'il avait une telle emprise, on ne braderait pas ses œuvres à vil prix dans les librairies d'occasion ; on se hâterait de les faire relier en cuir de basane, de chevreau. « Est-ce un bréviaire que je vois dépasser de la poche de votre paletot ? » On méditerait ses déclarations. Jusqu'à ses soupirs, jusqu'à ses points de suspension qui seraient source d'enseignement... Hélas, dans leur domaine propre, mon boucher et mon coiffeur ont plus de crédit que je n'en ai dans le mien. (Je veux bien reconnaître que leur domaine est plus spécialisé, moins étendu.) Même chose pour mon garagiste, mon boulanger...

On ne médite pas les déclarations des écrivains parce qu'ils font un métier sans importance : raconter des histoires. Ceux qui font un métier sans importance sont condamnés à parler à la légère. Écouter respectueusement quelqu'un qui parle à la légère ne suppose-t-il pas une bonne dose d'ineptie ? Au nom de quel principe endosseriez-vous le bric-à-brac mental de quelqu'un qui, dilapidant son énergie, sème ses idées aux quatre vents ? Les petits bonzes de la censure manquent cruellement de rigueur intellectuelle, je trouve, eux qui me reprochent de n'être qu'un amuseur et qui, du même souffle, m'imputent les deux tiers des calamités qui affectent la race humaine. Oh ! je suis prêt à admettre que des êtres de fiction peuvent avoir de manière passagère (ou même durable, peu me chaut) un ascendant sur des êtres de chair et d'os. Ne vous attendez toutefois pas à ce que je me chamaille avec les néobehavioristes sur le caractère tyrannique ou émancipateur de cet ascendant. Les modèles (et les idoles) existent depuis la nuit des temps. Il faudrait que j'aie les oreilles bouchées à l'émeri et les yeux cousus avec du fil à suture pour oser soutenir le contraire.

Certains livres de mon enfance qui louaient les aventuriers et les explorateurs, je pense à ces albums aux gravures monochromes qui me restituaient quelques parcelles de la jungle de Rice Burroughs, du Klondike de Jack London, du Mississippi de Mark Twain, albums qui avaient été remisés dans le grenier de mon grand-père paternel avec les ustensiles vétustes et les bibelots désuets, certains livres de mon enfance se sont dressés entre la réalité et moi comme des miroirs aux alouettes. Ébloui par leurs reflets, je me suis fait un paquet d'illusions sur mes aptitudes et sur mes goûts[35].

La réalité n'est pas un remake de la fiction, non, mais il arrive que, frappé par l'habileté (ou la superbe) d'êtres imaginés de toutes pièces, je sois entraîné dans une direction opposée à celle dans laquelle je marchais plus ou moins impunément. À l'occasion, les comportements de mes personnages déteignent sur le mien. J'adopte alors la morale qui régit leurs actions. Je vais même jusqu'à calquer les aspects les plus intéressants de leurs anomalies. Pourquoi n'avouerais-je pas cela en toute humilité ?

Si j'en crois mes enquêtes maison, cette tendance à l'imitation est fréquente chez les romanciers, les nouvellistes, les dramaturges. Les paysages dont mes phrases

---

35. Je me suis pourtant résolu très tôt à m'accommoder de ma nature casanière.

tracent les contours et les reliefs sur le blanc du papier, paysages intimes, paysages secrets, le romancier que je suis finit par en reproduire les arêtes les plus nettes dans sa vie courante. Ah ! le plaisir qui m'inonde l'âme quand, dans une discussion avec des amis, j'étrenne une réplique que j'ai placée quelques jours auparavant dans la bouche d'un de mes personnages. (En ce moment, une scène qui date de huit ou dix mois me remonte à la mémoire. Le cocktail où j'ai été invité a lieu dans un local sombre et enfumé que le propriétaire d'un bar de la rue Saint-Denis prête aux artistes de la relève pour organiser des vernissages, des récitals, etc. On étouffe, on s'écrase les pieds et les couteaux volent bas. Après dix minutes, je m'exclame : « Parlez-moi des lancements où l'atmos-phère est tellement mauvaise qu'on se retient de grignoter de peur qu'il n'y ait de l'arsenic dans les sandwichs, de la strychnine dans les petits fours, du cyanure dans les gâteaux ! » Cette tirade, dont le but est de dérider les gens qui m'entourent, je l'ai volée mot pour mot au protagoniste de *Rien ne se fait sans mal*, le roman auquel je consacre mes matinées d'écriture.) Larcin masqué, plaisir furtif et solitaire... N'est-ce pas là une façon déguisée d'éprouver l'efficacité de mes forces créatrices ? Ce qui était enfoui au creux de mon encéphale, sous les fougères des dendrites et les ajoncs des axones, non seulement je l'exhume, non seulement je l'amène à la lumière (et ce n'est pas par hasard si l'écran de mon ordinateur est éclairé en permanence comme l'abside d'un sanctuaire), non seulement je l'expose avec tous les fions et toutes les fioritures qui me semblent de rigueur, mais voilà que je l'installe carrément dans mon existence quotidienne.

J'ÉCRIS TOUT LE TEMPS

Je ne connais de rêves prémonitoires que ceux qui me viennent quand mes personnages décident d'occuper mon inconscient[36]. Il faut, vous le savez, que j'aie dormi à fond sur mes idées d'intrigues pour consentir à me détacher des ébauches, des synopsis et commencer à écrire pour de bon. Une sélection naturelle, qui s'opère dans le sommeil, élimine le redondant, le superfétatoire. Peut-être est-ce normal qu'une fois pris dans la rédaction d'un roman, par une sorte de retour de manivelle, je sois influencé par mes personnages. Y a-t-il moyen de parer à cela par une injection d'anticorps ? Une mithridatisation ? Un vaccin ? Un blindage chimique ? S'il suffisait d'avoir publié une trentaine d'ouvrages pour être immunisé contre les phénomènes d'identification, j'aurais une vie simple – et la petite chèvre de monsieur Seguin serait la mascotte des loups.

---

36. Ces derniers agissent alors différemment de ce qui était prévu dans mon plan initial. Ils regimbent devant mes volontés. On dirait qu'ils me narguent. Je suis parfois tenté de tirer le rideau sur ces mascarades oniriques. Plus tard, quand je décris l'espace romanesque que partagent mes personnages, j'ai le ton détaché du marionnettiste qui, après s'être tâté et retâté, en est arrivé à la conclusion que son existence était plus réelle que celle de ses figurines. « Ne suis-je pas toujours sorti indemne des affabulations qui ont envahi mon sommeil ? » Hum... Je plastronne, oui. Cabotin dans l'âme, gâté pourri, le fanfaron se convainc que les ovations ne s'adressent qu'à lui. Bravo, bravo !

7

« Il se croit écrivain », ai-je lu récemment sous la plume acérée d'un critique à propos d'un romancier que je connais bien. Non sans honte, j'ai constaté que cette méchanceté me chagrinait moins qu'elle ne l'aurait dû. Oh ! la morgue avec laquelle cet ami de longue date était exécuté ne me réjouissait pas. Mes rapports avec mes pairs sont trop narquois pour que la mesquinerie les contamine d'une manière aussi insidieuse. Je ne vous cacherai pas toutefois que j'étais content qu'un verdict semblable n'eût jamais été prononcé à mon sujet. Je peux me passer des jugements péremptoires, des condamnations *ex cathedra*. Entre recevoir des égratignures et me faire décapiter, il y a une marge que j'apprécie.

Nous qui exposons au public notre vision du monde par l'entremise de nos fictions, nous ne sommes pas en conflit, non, mais nous ne nous considérons pas non plus, loin s'en faut, comme des parangons de l'entraide et du coude-à-coude. Nous sommes trop individualistes pour nous laisser enivrer par les philtres de la solidarité. Il est d'ailleurs difficile de nous embrigader derrière une pancarte, une bannière, un étendard, si nobles que soient les causes à défendre ou à cautionner. Les chroniqueurs littéraires, qui ont compris l'importance de ce trait de notre personnalité, profitent de toutes les occasions pour souligner nos antagonismes. Pourtant, moi, je ne sens ni le besoin ni le goût de rivaliser avec mes confrères. Les livres qu'ils mettent sur le marché n'enlèvent absolument rien au rayonnement des miens[37]. Mon style est tellement différent que... Différent ? L'adjectif qui me brûle les doigts tandis que je tape cette phrase, n'est-ce pas plutôt supérieur ? Mon style est tellement supérieur au leur que les confrères en question ne sont simplement pas de taille à me faire de l'ombre. Aïe... J'hésiterais à utiliser pareille hyperbole si je n'étais pas assuré que chacun d'eux pense comme moi. En bref, chacun pense être le seul à savoir écrire. Cette conviction n'empêche pas (épisodiquement) d'avoir des maîtres, de préférence des ermites dont les talents culminent dans des œuvres séditieuses, atypiques, bigarrées... Chacun pense être le seul à avoir assez de stature pour exercer correctement ce métier. Je ne prétends pas qu'il s'agit là d'une attitude vertueuse, mais c'est l'attitude qu'il convient d'avoir pour continuer à aller de l'avant. Mettre une sourdine à cet orgueil démesuré qui fouette mes capacités d'invention nuirait à la croissance de mon art.

J'ai parfois du mal à me faire à l'idée que je suis maintenant dans le peloton des quinquagénaires, là, au milieu de la mêlée. Je ne refuse pas de vieillir, je trouve juste que les années filent trop vite. Ne vais-je pas manquer

---

37. Si on se réfère aux dernières enquêtes sur la fréquentation des librairies et des bibliothèques, c'est le contraire qui se produit. Chez nombre de « consommateurs de culture », pour reprendre le jargon utilisé dans les sondages, la passion de lire se développe de façon exponentielle, les mots d'un auteur faisant écho aux mots d'un autre.

de temps pour mener à terme tous les projets qui me tiennent à cœur ? Je pourrais me réconforter en évoquant les poètes et les romanciers qui étaient sur la même ligne de départ que moi et qui sont aujourd'hui dans la tombe[38] – ou qui, faute de s'être entraînés à endurer les embûches de la route, les aléas de la météo, le stress, les crampes, ont renoncé à la course pour retourner dans l'anonymat. Je n'aurai pas l'outrecuidance de me présenter comme un survivant.

Ah ! le grouillant peloton des écrivains quinquagénaires. Beaucoup sont geignards, rouspéteurs, belliqueux. Je nous entends souvent nous offusquer de ne plus percevoir à notre égard le même empressement que naguère. « Vous nous lisez trop distraitement, reprochons-nous à nos éditeurs. Promouvoir de nouveaux noms, est-ce tout ce qui vous intéresse ? » Pour les auteurs de mon âge, le véritable challenge est de se diversifier suffisamment d'un titre à l'autre pour provoquer chaque fois un effet de surprise chez les directeurs littéraires et, par voie de conséquence, chez les lecteurs. Se diversifier en restant fidèle à soi-même, voilà la règle à suivre. Règle sévère, rigide, astreignante. Sans concurrencer les nouveaux noms qui se bousculent aux tourniquets, il est primordial que je montre à tous que je suis en possession de mes moyens, qu'il m'est encore possible de faire naître une intense vague d'expectatives, une irrésistible lame de fond – et que je n'ai aucune envie d'être tassé dans une bretelle de sortie par de jeunes espoirs en quête d'émotions-chocs.

---

38. Après le décès d'un confrère, même s'il m'a toujours emmerdé comme écrivain, je m'abstiens d'en dire du mal pendant un an. Ce sacrifice est ma contribution à sa sépulture, mon denier versé pour que le bouquet spirituel confectionné en son honneur soit aussi dense que varié.

Les critiques aiment bien nous diviser en catégories, en familles, en classes, en castes, etc. C'est pratique, c'est commode. Diviser pour régner, dit la locution apprise au collège. La plus élémentaire de ces divisions consiste à opposer auteurs de best-sellers et auteurs pour *happy few*. Loups et agneaux, même combat. Dans la plupart des pays civilisés, les auteurs de best-sellers ne font pas attention aux auteurs pour *happy few*. Certes, ils savent que plusieurs parmi ces derniers sont jaloux de leurs énormes tirages, de leurs droits pansus, de leur(s) résidence(s) secondaire(s), de leur(s) compte(s) en Suisse ou aux Bahamas... Bah ! ils ne s'en scandalisent pas. Flattés d'être sur la sellette à chaque nouvelle parution, ils se repaissent de l'entêtante rumeur de l'actualité. Tant que les médias les chouchoutent et que le public les dorlote, ils n'ont cure de ce que les générations futures retiendront de leurs bouquins. Ici, au Québec, la situation est différente. Nos auteurs de best-sellers se signalent par le malin plaisir qu'ils prennent à dauber ceux qui travaillent pour le *happy few*. Sans relâche, ils les accablent de coups, ils leur cherchent querelle. « Contemplation narcissique, masturbation intellectuelle ! » hurlent-ils devant les édifices littéraires dont les poutres maîtresses reposent sur l'introspection. S'ils voient la silhouette d'un auteur pour *happy few* se profiler sur la rive du fleuve où ils ont coutume de s'abreuver, ils accusent cet auteur de brouiller leur eau. Le fleuve du succès a ses cerbères, ses molosses. Les plus hargneux sont ceux que j'appelle les écrivains du dimanche, ceux qui, sur les instances d'un éditeur, ont raconté leur vie dans un livre de deux cents pages et qui aboutissent subitement dans la liste des dix meilleurs vendeurs. Eux ne font preuve d'aucune retenue.

En revanche, moi que la rude discipline à laquelle obéit ma phrase range obligatoirement dans une élite[39], je n'ai pas le droit de brocarder ces écrivains du dimanche. Il serait déplacé que je me moque du style pompier dont ils se réclament, que je raille le lyrisme de mirliton dans lequel ils se complaisent. Eux peuvent dire de moi pis que pendre. Ils peuvent m'étriller en chœur, me calomnier jusqu'à plus soif, répéter sur tous les tons que mes récits manquent de pétulance, qu'ils sont compassés, sentencieux, tirés à quatre épingles. Il y a des jours où, je l'avoue, le mutisme que mon orgueil m'impose devant ces offensives me pèse. Jouer au grand seigneur insoucieux des litiges de ce monde n'est ni dans mes cordes ni dans mon karma. Je me défoulerais bien, il me semble, dans un rôle de voyou.

Vais-je devoir rappeler ici qu'un auteur est toujours légitimé de concevoir des livres dont l'ambition n'est pas de rejoindre la masse ? Nous sommes à une époque où la critique néglige un principe aussi fondamental. Elle aurait même tendance, la critique, à chapitrer les créateurs dont les œuvres n'atteignent pas un tirage important. Les autres, elle vante le sans-gêne avec lequel ils racolent. La vénalité s'exhibe avec panache, elle qui n'était qu'un minable atout qu'on cachait dans sa manche. Voilà l'impression globale que je retire du blabla que m'assènent les suppléments hebdomadaires des journaux.

Il n'y a pas d'anti-intellectualisme plus pernicieux que celui de l'intelligentsia. Il n'y a pas de démagogie plus matraqueuse ni plus susceptible d'inspirer la terreur. La

---

39. Quoiqu'elles aient quelque chose d'austère et d'empesé, j'assume les images que véhicule ce mot.

valeur esthétique d'un titre n'est nullement proportion-
nelle au nombre de gens qui se le procurent pour le lire
ou l'offrir en cadeau. (À ce compte-là, les best-sellers
seraient tous des chefs-d'œuvre.) L'échec commercial
n'est pas davantage la garantie du génie d'un artiste. Il
nous montre son isolement, voilà tout. Nous sommes
sur deux territoires distincts, celui du succès et celui de
l'art. Cessons de considérer la reconnaissance du public
(ou, dans le cas contraire, son apathie) comme un gage
de qualité. Si la haine des lieux communs ne suffit pas
pour enflammer les fibres de l'inventivité, il est évident
que l'amour de ces mêmes lieux communs engendre les
pires platitudes.

8

À L'ÉPOQUE OÙ JE DONNAIS DES COURS à Saint-Jean, j'ai connu des professeurs qui avaient peine à comprendre que, l'été, tout le monde ne chôme pas en même temps qu'eux. Je me souviens d'un collègue de département qui, assis à la terrasse de la brasserie du quai, observait avec un extrême agacement le va-et-vient des employés de la voirie municipale. « Tu parles d'un tohu-bohu ! Combien de camions d'asphalte sont passés en quinze minutes ? Pas moyen de siroter sa bière en paix ! Veux-tu bien m'expliquer pourquoi ces agités du râteau ne profitent pas du beau temps pour aller pique-niquer sur les berges de la rivière Richelieu ? » En voyage, j'ai un peu cette attitude. Je ne consens à me relaxer que lorsque j'ai le sentiment que la planète entière fonctionne au ralenti. Sinon, je suis un chien qui court dans un dalot de bowling, une quille entre les dents.

Ah ! vous dire mon ravissement quand, dans une ville où je ne suis en vacances que depuis deux ou trois jours, quelqu'un m'aborde pour me demander quel chemin prendre pour se rendre dans telle rue, tel parc, tel square. Voilà le signe que j'ai l'air de savoir où je vais et que la fébrilité qui, dès la station de taxis de l'aéroport, m'a empêché de trouver le calme commence à se dissoudre. Je renseigne mon touriste du mieux que je peux, sourire aux lèvres. Tant pis si les indications que je lui donne sont des plus approximatives[40] ! Ce qui m'importe, c'est d'avoir réussi à me détendre. J'allonge le pas. N'est-ce pas à cause de l'assurance de mes foulées qu'on m'a pris pour un habitué des lieux ? Je marche avec juste assez de prestesse pour paraître certain de ma destination. Gauche, droite, gauche, droite. Comme je ne flâne pas, je me confonds avec les autochtones. Hier, c'était différent. J'arpentais les trottoirs à la hâte afin d'acculer à l'épuisement les mille démons qui me taraudaient les nerfs. Ainsi, j'ai exploré en large et en travers le quartier des hôtels et des boutiques. Beaucoup de chic et beaucoup de toc... J'ai quadrillé le secteur achalandé des salles de cinéma, des magasins de disques, des librairies. Je n'ai regagné ma chambre qu'à minuit. Je me suis fait couler un bain pour dénouer les muscles de mes cuisses et de mes mollets. Je me suis couché exténué. Je me comporte toujours de cette manière quand je descends dans une agglomération dont le nom seul m'était jusqu'alors connu. Ne comptez pas sur moi pour participer aux visites guidées de l'oratoire X, du château Y, des ruines Z. Si je prête foi à leurs dires, les touristes normaux cherchent à prolonger l'impression de dépaysement qu'ils éprouvent devant un site fameux. Moi, c'est l'inverse. L'exotisme me blase vite. En réalité, je ne voyage que pour rendre le voyage inutile. À l'instant où je pose le pied en sol étranger, je me mets en condition pour être content de rentrer chez moi dans quelques semaines.

---

40. À la prochaine intersection, un bon Samaritain l'aidera sans doute à sortir du labyrinthe.

Hier, je sillonnais les boulevards, le cœur battant, les tempes en feu. Aujourd'hui, j'adopte un pas plus souple. Je sifflote et mes doigts tambourinent sur la bandoulière de mon sac de moleskine. Demain, en baguenaudant à la lisière du marché aux puces, je m'arrêterai devant l'échoppe du vendeur de babioles et de souvenirs. Quelle ne sera pas ma stupéfaction de découvrir sur un présentoir une carte postale me montrant moi, Jean-Marie Poupart, mine goguenarde, croqué devant le zinc du café de la gare en train de fumer un cigare, sans doute un havane à trente dollars, un ballon de cognac à la main ! Malgré le flou de la photo, je n'aurai aucun mal à me reconnaître. Je serai d'abord complètement ébahi. Et je devrai me pincer pour m'assurer que je ne rêve pas. « Comment cette satanée ville a-t-elle réussi en un si court laps de temps à s'approprier mon image et à la diffuser en gros et en détail ? » Mais j'aurai tôt fait de me ressaisir. « Impossible d'échapper à toi-même, grommellerai-je. Tu as beau fuir aux antipodes, tu te retrouves toujours Gros-Jean comme devant avec tes qualités et tes défauts. » Pendant un moment, j'aurai la tentation d'acheter la carte. « Ne pourrait-elle pas me servir de signet ? » Je me bornerai à la glisser derrière la pile pour qu'elle ne soit pas à la vue de tous.

N'allez pas croire que j'essaie de vous égarer. Ce que j'ai relaté dans le paragraphe qui précède est le sujet d'une nouvelle dont j'ai ressassé les ingrédients pendant de longs mois et qui est finalement restée lettre morte. Au cours de la période qui s'étend de soixante-dix à quatre-vingt-dix, j'ai pondu en moyenne trois nouvelles par année. C'étaient des parenthèses, des intermèdes, des petits bouts de plage où j'installais mon hamac l'espace de quelques jours pour m'évader du monde délirant de mes romans. En général, j'écrivais ces textes pour répondre à des commandes. Aussi me semblait-il dans l'ordre des choses que la majorité d'entre eux prît la direction de la poubelle ou du bac à recyclage. Graduellement, j'ai délaissé le genre. Parfois je le regrette, car je pouvais y expérimenter des pigments, des détrempes – et obtenir ainsi des coloris inusités. Je me rappelle un panel sur les formes brèves qui avait eu lieu au Salon du livre de Montréal et dont la conclusion pourrait se résumer à peu près ainsi : « La nouvelle tire beaucoup de ses engrais de la nappe phréatique du fantastique. Pour nos pauvres imaginations ratatinées depuis un siècle et demi par le rouleau compresseur du roman réaliste, voilà le salut espéré ! » J'étais le seul à penser qu'on a autant de mérite à représenter Emma Bovary en promenade dans les hameaux normands qu'un aigle bicéphale s'apprêtant à quitter son aire, une tête au sud, une tête au nord. Le modérateur se souciant plus de minuter les interventions que d'animer le débat, j'étais sorti de là d'assez mauvaise humeur.

Il est certain que, par son format, la nouvelle traduit mieux les émois singuliers d'un personnage que les zigzags d'une intrigue. Or, comme il m'est plus naturel de créer des ambiances que d'emboîter des péripéties[41], ne devrais-je pas logiquement être plus à mon aise dans la nouvelle que dans le roman ? J'ai l'œil vif, l'ouïe fine et mon odorat s'excite dès que j'entrouvre la fenêtre de mon bureau. Force m'est cependant de constater que,

---

41. Cela s'explique sans doute par le fait que, pour m'aider à me concentrer sur ce que j'ai à écrire, j'ai recours à une méthode qui sollicite tous les sens, méthode que j'ai mise au point en écumant les exercices spirituels d'Ignace de Loyola. Je reviendrai là-dessus au dernier chapitre.

si rédiger une nouvelle ne demande pas d'avoir le souffle d'un Zatopek, il importe de s'investir à fond dans chacune des phrases qui la composent. Ce n'est qu'à cette condition qu'elle aura assez d'intensité pour captiver le lecteur. Le roman, lui, ne relève pas de la même économie. Quoique nombreux, les écueils que j'y rencontre m'angoissent immensément moins que les abîmes où la nouvelle menace de me plonger. J'y ai en définitive une plus grande liberté de manœuvre. Même si, comme je l'ai noté, il m'est naturel de créer des ambiances, j'aime mieux travailler dans le long que dans le court. Je suis de ceux qui adorent prendre leur temps pour raconter leurs histoires. Et je connais sur le bout des doigts l'art d'étirer les sauces sans en altérer la saveur. Quand je croise un romancier et que nous nous mettons à parler cuisine, nous avons une foule de recettes à partager. Nous jasons comme deux pies voleuses comparant leurs trouvailles. Dans les relations que j'ai avec les auteurs de nouvelles, cette franc-maçonnerie n'existe pas. Avec ces derniers, je suis porté à échanger des banalités. Je marche sur des œufs parce que je les sais susceptibles, surtout ceux qui ne se sont jamais essayés au long. Ils sont persuadés que je les regarde de haut. Ils se trompent. Le talent d'un écrivain ne se mesure pas à sa capacité de délayer la matière d'un récit sur vingt, trente ou quarante chapitres. Les nouvellistes n'ont pas idée à quel point m'éblouit la compacité de leur prose. Dans les phrases qu'ils m'offrent, les mots ont l'aspect de purs cristaux. Je pourrais aussi dire, en employant une figure de la même eau, que leur style a la densité des champignons lyophilisés. Il suffit de verser sur ces végétaux une certaine quantité de liquide pour en voir les lamelles se distendre, les lobes s'arrondir, les chapeaux se gonfler.

Dans la même perspective, après avoir goûté quinze pages d'une nouvelle parfaitement réussie d'un Cortázar, d'un Inoué ou d'un Carver, il n'est pas rare que le lecteur se sente aussi rassasié que s'il avait absorbé cinq tomes d'une saga familiale de la trempe de celle d'un Galsworthy ou d'un Martin du Gard.

Les nouvellistes ont raison de faire dépendre l'efficacité de leur phrase de la justesse du vocabulaire qu'ils y utilisent. Quelle hérésie de croire qu'il faut qu'une évocation soit vague pour toucher le public ! On nous a assez bassinés, je trouve, avec les brouillards à la Simenon, à la Modiano, etc. Au contraire, il est essentiel que je règle la lentille de ma caméra intérieure de telle sorte que soient toujours au foyer les images qu'elle capture et qu'elle relaie jusqu'à la prunelle de vos yeux. Plus je vous fournirai de précisions[42] sur les lieux où se situent les actions dont j'ordonne le déroulement et le rythme, plus ces lieux vous deviendront proches – et, par un de ces mystères dont la fiction a le secret, plus vous reconnaîtrez là des morceaux de votre monde, cela en dépit du fait que les lieux en question (un port de pêche du Péloponnèse, un chapelet de cascades dans la cordillère des Andes, une plantation de canne à sucre en Guyane, un campement de brousse en Afrique, des huttes séculaires à l'orée de la forêt amazonienne) ne ressemblent aucunement aux endroits qui vous sont familiers.

Le ciel n'est-il pas partout piqueté d'étoiles ?

Les artistes médiocres le voient, eux aussi, le minuscule détail propre à accentuer l'authenticité d'une scène. Non seulement ils le voient mais ils le montrent avec une fierté non dissimulée. Le malheur veut qu'ils le

---

42. Sont exclues ici, cela va de soi, les informations vides de sens.

montrent en même temps qu'un tas de brimborions, de bricoles, de broutilles – d'où le fouillis des tableaux qu'ils tentent de brosser. La suprématie des bons artistes réside selon moi dans leur aptitude à mettre en relief un ou deux éléments pertinents en évitant de les engloutir dans l'ensemble du décor. Pour ma part, je peux consacrer plusieurs heures à l'écriture d'un paragraphe descriptif qui réponde à mes exigences. Tenez, c'est comme pour le tournage d'une séquence de film. Il faut éclairer le plateau de manière irréprochable, calculer avec minutie l'angle de prise de vue, définir exactement le cadrage. Parce que je dépeins avec un soin vétilleux les atmosphères dans lesquelles mes personnages évoluent, des critiques ont prétendu que j'étais ennemi de l'action et que rien ne me plaisait davantage qu'une narration poussive. Affirmation exagérée. Oh ! je ne me sers pas volontiers des trucs des conteurs. Ces gens-là sont trop futés pour être honnêtes. Certes, le cas échéant, j'aime être dupe de leurs stratagèmes, mais de là à m'emparer de leurs outils pour mon usage personnel, non, merci.

Moi, c'est en donnant à mes récits une tonalité particulière, un climat inhabituel que j'en assure l'unité, la cohérence. Pour produire des textes intéressants à plus d'un niveau, je préfère miser sur les vertus du verbe plutôt que sur un télescopage d'événements inopinés.

Les critiques qui m'ont jadis accolé le label d'enfant terrible de la littérature québécoise se pâment quand ils se rendent compte que je peux raconter des histoires exemptes de digressions. Il suffit que j'en aie envie, quoi ! Ces critiques me font penser aux amis à qui il m'arrive de prêter des disques récents enregistrés par des musiciens identifiés dans la décennie soixante à l'ouragan, à la déflagration du free-jazz. Presque chaque fois, ces amis sont ébaubis quand ils réalisent que les iconoclastes tapageurs qui revendiquaient le droit à l'improvisation permanente (avec les tâtonnements, les fausses notes, les nichées de canards sauvages qui en dérivaient) sont aujourd'hui capables de jouer des airs agréables à l'oreille – et même de céder aux attraits du swing. C'est comme pour les peintres abstraits. Figurez-vous que les quatre cinquièmes d'entre eux savent dessiner un couteau, une tasse, une soucoupe, un pot de beurre d'arachide, une pomme, une nappe à carreaux. D'accord, j'ai commis des romans dont la trame était lâche, avachie. Doit-on fatalement en conclure que tisser une intrigue serrée est le dernier de mes soucis ?

À la campagne, il est clair que le chemin a pour office de relier le point A au point B, le point B au point C et ainsi de suite. Consultons n'importe quelle carte routière et cela nous sautera aux yeux. Dans l'espace urbain, le réseau des rues est d'une telle extension et d'une telle complexité qu'on jurerait qu'il n'a été tracé que pour satisfaire à un haut dessein géométrique, sans idée de faciliter les déplacements pédestres, cyclistes ou motorisés. Les différences qui existent entre la gamme diatonique et la gamme chromatique sont à peu près de la même nature. Apparemment, les douze notes de l'échelle chromatique ne se combinent pas pour nous mettre des fourmis dans les jambes. Chose certaine, leur arrangement n'a rien d'accrocheur ni de dansant. Encore aujourd'hui, aux concerts où sont programmées des pièces sérielles, du Schoenberg, du Webern, du Berg, neuf auditeurs sur dix sont tétanisés devant ce qu'ils perçoivent comme un éboulement de dissonances provoqué au sein de la masse acoustique par les coups de baguette du chef d'orchestre, ce premier de cordée vêtu d'un smoking et d'un pantalon noirs. Regardez-les se cramponner aux accoudoirs des fauteuils, abasourdis, médusés. « Doux Jésus, sortez-nous de ce capharnaüm ! » Ah ! que de simples arpèges nous délient le jarret cent fois mieux qu'un patchwork d'intervalles inédits, voilà qui est normal. On ne saurait simultanément s'attaquer à l'immuabilité des règles de l'harmonie et attendre de l'assistance entière qu'elle batte la mesure en tapant du talon et en claquant des doigts... Mon intention n'est pas de broder à l'infini autour de cette image. En fait, la fonction que je lui ai assignée dans ce paragraphe est strictement rhétorique. Grâce à elle, il m'est possible d'ores et déjà d'appeler à la barre des témoins les auteurs de ces ritournelles que vous attrapez le matin à la radio et qui vous trottent dans la tête jusqu'à la fin de la journée – à moins que d'autres ne les délogent subrepticement. Je pense aux annonces de nourriture pour chats, de boissons gazeuses, de lames de rasoir, d'obligations d'épargne. Croyez-le ou non, plusieurs de ces excellents mélodistes qui gagnent leur vie dans la publicité avouent, avec une sincérité désarmante, avoir un bagage musical limité. Il m'arrive aussi fréquemment d'entendre des conteurs de renom déplorer les carences de leur art.

J'ai trop longtemps potassé les traités de stylistique pour tenir avec conviction le rôle du conteur au talent indompté. Oh ! je peux simuler la désinvolture pendant quelques pages, bien sûr, mais c'est au prix d'un arsenal de techniques toutes plus sophistiquées les unes que les autres. D'ailleurs, les conteurs que je connais sont loin de se percevoir comme des ingénus. (Je ne serais pas surpris que la plupart d'entre eux cajolent l'espoir d'être intronisés en grande pompe au Panthéon de la roublar-dise[43].) Hélas, la sagacité qui ensoleille leurs phrases, ils s'en servent pour agrémenter leur philosophie et non pour prospecter de nouvelles avenues narratives.

Un roman qui s'appuie sur une histoire enlevante pro-cure un plaisir avant tout physique. Si les composantes de l'histoire sont agencées de manière à former une in-trigue souple et nerveuse, le plaisir physique s'accom-pagne d'un saisissement de l'esprit – et l'expérience de lecture devient alors doublement satisfaisante. L'ennui, c'est que l'auteur dont l'histoire est enlevante néglige souvent de soigner son intrigue. Agile, il laisse sa main courir – se gardant bien de dévier des pointillés que son imagination a préalablement tracés. Et, sous le fallacieux prétexte qu'il use de matériaux de première qualité, il enchâsse machinalement les morceaux de sa mosaïque. Pourtant, la distance entre l'histoire et l'intrigue se com-pare aux vastes champs de sonorités qui séparent un thème chantonné, tralala, lalala, lalala, de ce même thème savamment orchestré.

Les grandes œuvres émeuvent donc à la fois le corps et l'esprit, i.e. la cire et la flamme, pour reprendre une des métaphores chères à Nabokov. Les meilleures d'entre elles échauffent la moelle épinière (là, à la hauteur des vertèbres cervicales, juste sous le bulbe rachidien) et entraînent un tressaillement apparenté à l'émoi érotique. Outre la cire et la flamme, c'est en l'occurrence la mèche qui est touchée. (Et je me dépêche d'ajouter, tant pis si c'est un peu facile, que le jeu en vaut la chandelle.)

---

43. Un tel monument n'existe pas, non. Il ne déparerait pourtant pas notre paysage culturel. Pourquoi ne pas l'ériger dans la périphérie immédiate de la Bibliothèque nationale ou du Musée de la civilisation ?

J'ÉCRIS TOUT LE TEMPS

Encore faut-il que les lecteurs soient dans les disposi-
tions qui leur permettent de ressentir ce qu'il y a à
ressentir. Les personnes distraites ou occupées à ré-
pertorier des données spécifiques – ceux dont le métier
est de faire la navette entre les grilles d'analyse et les
textes : étudiants, professeurs, critiques – se coupent de
ce plaisir-là. Leur approche reste étriquée, incomplète.

9

Parce que j'ai créé dans mes fictions des personnages d'écrivains qui honnissent les critiques au point d'en perdre la capacité de goûter le sel de l'existence, on se figure que je parcours les pages culturelles du *Devoir* en serrant les poings sous la table, ulcéré, ravalant ma bile entre chaque paragraphe. Ou que, croisant ces messieurs dames dans des cocktails, des vernissages, des premières de théâtre, je me mords les lèvres jusqu'au sang pour ne pas les agonir d'injures. Quoique je ne sois pas du genre à me prosterner devant eux, jambes flageolantes, je n'éprouve à leur endroit ni animosité ni aversion. Il n'y en a pas un que j'immolerais en effigie devant les entrepôts de mes distributeurs, pas un que je miniaturiserais sous la forme grossière d'une poupée vaudou pour lui percer le corps d'épingles ou d'hameçons. En vérité, j'observe avec une gaieté féroce les attentats à la grenade[44] que les têtes fortes du bataillon perpètrent contre nos sommités, notre gotha, nos as de pique, nos

---

44. Grenade à crécelle, à grelots, à mailloches, à castagnettes, grenade tam-tam, grenade zinzin, grenade à gaz hilarant, à poudre à éternuer, à poil à gratter, etc.

étoiles montantes, notre avant-garde. Oh ! ils ont la main
drôlement leste, ces critiques. Et, sans prendre le temps
de peser leurs mots, les attaqués ripostent par une rafale
de lettres ouvertes, de demandes de rétractation, de
mises en demeure – et cette guerre des nerfs devient vite
une farce désopilante. Bah ! que je m'amuse de voir telle
ou telle de nos gloires locales planquée sous son piédestal
ne m'empêche pas, autant comme auteur que comme
consommateur, de récriminer contre la critique qui se
pratique dans nos journaux. Je lui reproche, entre autres
choses, de parler des œuvres comme si elles étaient
venues au monde par génération spontanée et d'en examiner la constitution en occultant délibérément, par
paresse, par impéritie, les antécédents des créateurs. On
bâcle, on torchonne, on va au plus pressé. Virginia Woolf
a maintes fois dénoncé ce travers. Sur les itinéraires
empruntés par la flotte amirale du roman traditionnel
(et, forcément, par le menu fretin qui folâtre dans son
erre), la fondatrice du groupe de Bloomsbury a laissé des
textes décapants qui ont gardé leur causticité. Il me revient à la mémoire un essai où, entre deux remarques
aigres-douces, elle jette un chiffre qui de prime abord
étonne. Quatre-vingt-quinze pour cent des journalistes
qui couvrent l'activité littéraire sont inintéressants,
affirme-t-elle sans broncher... À la réflexion, cette évaluation est-elle si excessive ? Les critiques qui réunissent
la connaissance approfondie de leur matière et le don
d'en vulgariser les finesses sont en effet assez peu nombreux. Ce qui me chagrine, c'est qu'on pourra toujours
me répliquer, en guise d'alibi ou par ressentiment, que
la proportion des écrivains dénués de talent tourne probablement aussi autour des quatre-vingt-quinze pour
cent. Il ne serait guère équitable, me semble-t-il, que les

journalistes détiennent le monopole des truismes, des pataquès, des imbécillités, des nigauderies...

Nos critiques se désolent du peu d'envergure des auteurs qu'ils sont obligés de côtoyer dans le quotidien de leur tâche. L'unanimité qu'ils affichent là-dessus est infrangible – et elle résiste à toutes les démonstrations. Étudier les courants vernaculaires est devenu pour eux une vraie punition. Ils pleurent, les pauvres, ils grincent comme des girouettes mal lubrifiées. Imaginez une seconde les pénétrantes analyses auxquelles ils se livreraient dans un milieu plus stimulant. Mais tout se délite, tout s'effrite autour d'eux. Ils n'ont rien à quoi se fixer, ni roc, ni pilier, ni poteau, ni pieu, ni souche d'aucune sorte... À bout de ressources, ils s'enlisent dans une amertume amphigourique, vindicative. Nos auteurs, quant à eux, déplorent l'étroitesse d'esprit des critiques. À les entendre, il n'existe pas plus vexante avanie que celle-là. Ils rêvent aux égards auxquels ils auraient droit s'ils étaient nés à une autre époque, sur un autre continent. Dans les deux camps, on joue à qui gémira le plus fort. On imite les prophètes de l'Antiquité, on s'érafle le pourtour du nombril avec l'ardillon de sa ceinture, on lacère ses vêtements sur la place publique, on s'enduit copieusement le corps de poix et de cendre, on s'arrache les poils, on se meurtrit le coccyx, on se lamente devant le marasme où stagnent les affaires qu'on a à cœur. Oh ! l'envoûtant concert de jérémiades. Nos auteurs se plaignent d'être les otages du philistinisme des médias de masse. Ils pestent contre les attachés de presse qui les poussent à se soumettre ponctuellement au supplice des séances de photos et des interviews. « Laissez-nous donc écrire en paix ! » Ils conspuent les critiques, oui. Ils tiennent pourtant avec une véhémence obstinée à être remarqués et reconnus par eux. Le spectacle de ces présumés otages agglutinés aux pieds de leurs tortionnaires, paupières baissées et poignets joints en signe de subordination, a quelque chose d'absurde et de grotesque. (Les romanciers à succès ne font pas exception à la règle, eux dont le vœu le plus cher est d'inspirer autant d'articles dans *Échos Vedettes* que de thèses de doctorat. Ah ! l'énergie que draine en leurs cellules le désir de propager leur nom.) Pourquoi cherchons-nous l'approbation de gens que par ailleurs nous vouons aux gémonies ? Si au moins cette approbation nous permettait de toucher plus de lecteurs... Il n'en est rien puisque les critiques ont une influence négligeable sur la vente de nos livres. Avons-nous à ce point besoin d'être aimés ?

Quand j'allume la radio, c'est pour meubler le silence d'une collation impromptue. Ou pour couvrir le bruit que je fais en vaquant à des travaux domestiques. Même chose avec la télévision. On peut braire en ondes, je ne m'en formalise pas. Il m'arrive néanmoins de tendre l'oreille à ce qui se dit. Ainsi, j'ai noté ces dernières années une nette tendance à confier les chroniques culturelles à des ignorants[45]. Tout bien pesé, je ne suis pas rétif à une telle politique pour la bonne et simple raison que, s'il n'est pas un fumiste impénitent ou un taré de la pire espèce, l'ignorant devrait normalement, par mimétisme, en pillant sans vergogne les avis d'autorités émérites, acquérir un semblant de compétence. Cela s'appelle donner le change. La niaiserie des novices

---

45. Ou à des vandales repentis (publicitaires à la retraite, conseillers en marketing, gagmans pigistes dans les talk-shows de Machin Truc, Machin Chose, Machin Chouette), comme si les vandales devaient nécessairement s'intéresser à l'art.

n'est pas indélébile, que je sache. Malheureusement, notre bouillant autodidacte ne demeurera pas assez long-temps à son poste pour se doter d'une formation adé-quate. S'il a du talent, il partira de lui-même ou sera muté ailleurs. (Et deux lignes de curriculum vitæ résu-meront cet apprentissage raté.) Glissons rapidement sur le cas des critiques qui traitent en blitz des contes pour enfants, des B. D. underground, des films *gore*, des opéras rock, des festivals western et/ou country, des compéti-tions pyrotechniques, des nuits de poésie, des ballets en patins à roulettes, des happenings de peinture... Comment pourraient-ils servir de guides au public, ces hurluberlus qui n'ont de barème que l'arbitraire de leurs engouements ? Comment, suivant la définition de Serge Daney, pourraient-ils être des passeurs, eux qui bougent sans cesse et papillonnent en tous sens ? J'emploie ces verbes en pensant aux insectes nocturnes qui, attirés par ce qui luit, se cognent la tête sur les réverbères, les en-seignes des dépanneurs, les halogènes des porches, des perrons, des patios, s'y brûlent les antennes et s'en vont complètement désorientés.

Les patrons des médias s'élèvent jusqu'au septième ciel quand les nouvelles artistiques sont exposées et com-mentées par des boute-en-train mal dégrossis. Aussi préconisent-ils chez les jeunes ouailles dont ils ont la charge le style à la fois jovial et canaille des speakerines de la météo. Ils se méfient des spécialistes rompus à leur discipline. (Les prestations de ces derniers leur inspirent plus d'effroi que les fièvres récurrentes ou les maladies à bubons.) Ils mettent dans le même sac exégètes, herméneutes et dilettantes éclairés. D'après leurs critères, les spécialistes sont d'insupportables cuistres dont il faut décrier la suffisance et la langue de bois. « Ils ne parviennent pas à être naturels devant le micro. Leur corset de brevets et de diplômes les empêche de se dilater la rate. À force d'être comprimé en saucisse, l'organe finit par s'atrophier, c'est inévitable. (Darwin a écrit là-dessus.) Bouche en cul-de-poule, ils se bousillent aussi les zygomatiques. Bah ! qu'ils aient désappris à rire n'est pas grave puisque tout ce qui les excite, c'est de péter de la broue ! » Quelle importance si le critique n'a pas examiné avec soin l'ouvrage qui est devant lui, quelle importance s'il ne connaît rien de l'auteur sur lequel il s'apprête à chroniquer ! Pourvu qu'il ait du bagout, pourvu que ses babillages remplissent les cinq minutes (ou les cinq colonnes) qui lui ont été dévolues. Exclusivités bidon, *deadlines* pour la frime, *scoops* qui se fanent en moins d'une nuit. En somme, ce qui prime, c'est le côté trépidant et fatidique de l'information. « Il rêve en couleur, l'auteur qui s'attend à ce que nous allions dans le détail de son œuvre. Nous avons dans notre auditoire trois pelés qui ont lu ses bouquins, assisté à ses pièces, écouté ses enregistrements. Trois pelés et deux tondus. Le personnel que nous recrutons, pensez-vous que nous lui demandons de s'adresser en priorité à ces cinq zigotos ou au monde ordinaire ? Poser la question, c'est y répondre. Au lieu de chialer contre nous, l'auteur ferait mieux de profiter de la manne publicitaire que nous lui offrons sur un plateau d'argent. » Hum... Il est malaisé de croire qu'une attitude aussi condescendante ne recèle pas un mépris du public.

Évidemment, ceux que j'appelle les boute-en-train mal dégrossis voient l'ensemble de la production à travers le prisme de leurs goûts innés. Ils ne disposent pas d'instruments plus raffinés. Rien d'étonnant à ce qu'ils trébuchent sur le premier niveau de sens, cette surface qui n'est plane et lisse qu'en apparence et qui, à cause des matières dont elle est faite, est perméable aux alluvions qui s'y déposent. Les moins pataudes, les plus débrouillards se bricolent de pétaradantes machines à théoriser. Ils multiplient les transferts fantaisistes, improbables ou erronés. Ils confondent « L'amour est enfant de Bohème » et « Mon cœur est un violon », les gauloises et les gitanes, l'éphèbe et le giton, Scapin et Sganarelle, Charybde et Scylla, Thérèse de Lisieux et Thérèse d'Avila, la guitoune et la cagna, la fève de Lima et la gourgane, le bol de potage et le bol de soupe, l'histrion et le comparse, le bouc émissaire et l'agneau du sacrifice. Vacillant dans leurs gros sabots, ils éclaboussent tout ce qu'ils approchent. Pour moi, voilà l'envers de la culture. La culture consiste à établir des relations de pertinence (ou de subtile impertinence) entre telle et telle création du génie humain, non à se disperser dans l'esbroufe. Je trouve que la façon actuelle de rendre compte des œuvres comporte trop de balivernes, de remarques cuculs, d'allusions futiles. Par exemple, à la sortie d'*On a raison de faire le caméléon*, une journaliste qui promenait son magnétophone au Salon du livre, maraudant entre les divers stands et attrapant les auteurs par la peau du cou, a commencé une interview de moi en m'annonçant qu'elle avait cordialement détesté le faire-valoir de mon héros parce qu'il avait les mêmes initiales que son ex, un énergumène qui lui avait valu bien des déboires.

— Je ne suis pas sûr que « faire-valoir » soit le terme approprié.

— Lui-même n'est d'ailleurs pas un modèle d'équilibre mental.

— Lui-même ?

— Il a beau rouler en Mercedes, manger dans des restaurants trois étoiles et porter des chemises à pois, il a quelque chose de patibulaire, votre J.-C.

Parmi les gens qui jugent nos livres pour le bénéfice esthétique (ou le confort intellectuel) des lecteurs, ils sont légion à réclamer que les personnages dont nous racontons les ébats allument en eux des bouffées de sympathie. Ils les évaluent comme ils le feraient pour des candidats députés en campagne électorale. (Et ceux qui mènent une vie de patachon obtiennent un zéro de conduite.) Ils leur refusent les ambiguïtés qui contribuent à enrichir l'existence romanesque. Cela ne vous semble-t-il pas court comme morale ? Ne seriez-vous pas en droit d'attendre de professionnels une déontologie moins subjective ?

Il y a les critiques qui se prononcent sur tout et qui réinventent chaque fois le bouton à quatre trous. Il y a ceux qui, ployant sous le poids d'un savoir essentiellement livresque, nous inondent d'un flot d'idées reçues. La boulimie dont ils souffrent les empêche d'assimiler les substances qui pourraient nourrir une philosophie originale. Ils ont renoncé à s'armer d'un système de valeurs différent de celui du voisin. Exprimer des opinions individuelles ne les intéresse pas. Ils abdiquent leur liberté et se mettent sous l'égide de quelque grand prêtre dont, copiant l'ardeur évangélisatrice, ils deviennent les épigones. Ah ! avec quelle obligeance, avec quelle obséquiosité ils arborent les couleurs de leur congrégation et de leur pasteur vénéré. Ils pratiquent leur métier comme un ministère, s'acquittent religieusement des devoirs de leur tâche et adoptent le maintien hiératique de ceux que ne troublent pas les mœurs dépravées de la piétaille[46]. L'encens qui brûle autour d'eux

---

46. Il doit bien y avoir quelques tartufes dans le lot...

embrume la vision qu'ils ont de la réalité. Certains revêtent le surplis à volants du thuriféraire ; d'autres, la culotte passementée du zouave. Flairent-ils en cachette les ornements sacerdotaux de leur pontife ? Se soûlent-ils des remugles qui s'en dégagent ? Le protocole qui préside à l'énoncé des articles de leur catéchisme a la raideur d'une communion solennelle et le zèle qu'ils déploient à prêcher est sectaire, tranchant, fanatique. Malgré leur connaissance intime des cryptes de l'institution journalistique, malgré leur accès privilégié au Saint des Saints de la littérature, ils ont la foi du charbonnier. Voilà la rançon de l'adhésion aveugle à une croyance. Jamais, ne serait-ce que pour la forme, ils ne se jugent dignes de remettre en question les fondements des dogmes qu'ils partagent. Ont-ils peur que ces dogmes ne se désagrègent sous leur nez ? Réitérant inlassablement les mêmes paradigmes, les mêmes devises, les mêmes figures[47], ils se refusent le droit de penser le monde en leurs mots. Ils finissent de la sorte par oblitérer leurs instincts les plus élémentaires.

Pour d'autres, faire de la critique, c'est pénétrer une heure ou deux dans la magnitude d'une œuvre et consigner ce qu'elle suscite en eux de particulier. « À la vue de la grande fresque du hall d'entrée, j'ai eu des picotements dans les glandes lacrymales. J'aurais peut-être dû en rester là parce que la suite de l'exposition m'a assommé. Au bout de vingt minutes, j'ai failli tomber en catatonie. J'ai visité les salles d'un pas de somnambule, les reins cambrés, mastiquant des bonbons mous pour ne pas me décrocher la mâchoire à force de bâiller. »

---

47. À tout prendre, la camelote que me refilent les incultes est moins dangereuse que ce viatique réchauffé.

Ramenant tout à leur idiosyncrasie, ces critiques transforment l'appréciation des œuvres auxquelles ils s'intéressent en une mise à jour circonstanciée et exhaustive de leur bulletin de santé. Maintes fois, j'ai eu maille à partir avec les tenants de cette école. Certes, ils ont un stéthoscope accroché au cou, mais ils s'en servent uniquement pour s'ausculter eux-mêmes. Eux dont la propension à s'épancher est déjà effrénée, voici qu'ils en décuplent la portée en livrant assidûment au public des observations sur la fragilité de leur peau et la vulnérabilité de leurs bronches. On ne s'étonnera pas que les premiers à tirer avantage de la situation soient les plus mégalomanes d'entre eux. Dans cette joute où je, me et moi se disputent les morceaux de lard, ils deviennent en un temps record absolument redoutables. (Les fées qui, à leur naissance, se sont penchées sur leur berceau les ont nantis d'un formidable ego qui a besoin d'espace pour s'ébrouer. Je vous jure, marraines-fées, que vous nous avez catiné là de méchants spécimens. Vous pouvez vous retirer dans vos domaines avec le sentiment du devoir accompli. Vos protégés ne demandent qu'à occuper de l'espace.) Une des meilleures illustrations de ce que j'avance est que, lorsqu'ils travaillent dans la presse écrite, la plupart exigent qu'une photo d'eux coiffe les articles qu'ils pondent, photo qui les montre, ma foi, joliment contents de leur couvée... J'aurais probablement moins envie d'en découdre avec eux s'ils s'attardaient un peu au pourquoi de leurs réactions. « La suite de l'exposition m'a assommé », déclare notre loquace éclaireur. Impute-t-il son ennui au kitsch des images ? Est-ce le lugubre des thèmes qui l'a rebuté ? Etc. Inutile d'insister. C'est dépenser sa salive en vain que d'adresser des questions à ces m'as-tu-vu. Sommés d'étoffer leurs topos, ils alignent des fadaises ou entonnent des discours encore plus impressionnistes que ceux dont on leur faisait grief. En dehors de ce qu'ils exhibent d'eux-mêmes, tout leur semble appartenir à l'ineffable, au je-ne-sais-quoi. Ils ne connaissent qu'une manière de parler des arts et cette manière se résume en une dérive hédoniste où les cycles d'indolence alternent avec les cycles de bougeotte. Les œuvres qui un moment retiennent leur attention ne sont que des tremplins qui leur permettent de bondir sous les feux des projecteurs. Oui, c'est sur eux qu'ils cherchent à attirer les regards. Ils font des pieds et des mains pour être perçus comme des vedettes. « Mon autographe ? Bien sûr ! » Notez l'énergie avec laquelle ils piaffent, tanguent et caracolent dans les ronds de lumière.

J'ai déjà écrit à un rédacteur en chef pour lui suggérer de mettre à l'amende les journalistes littéraires qui commençaient leurs textes par « je » et d'envoyer les sommes recueillies par ce biais garnir le fonds de secours de l'Union des écrivains. S'il appliquait de telles mesures, lui exposai-je avec alacrité, ses employés se corrigeraient d'une vilaine habitude et, au lieu de nous assener leurs transports avec le tact des mastodontes des péplums des années cinquante (staff, stuc, carton-pâte et caoutchouc mousse), ils se dédieraient à l'analyse de nos livres. Je proposais de fixer le montant de l'amende à vingt dollars pour une première offense, cent pour une deuxième. Était-ce prohibitif ? Je ne réclamais ni suspension, ni congédiement, ni démission forcée, peines trop draconiennes, trop radicales. Je m'engageais à intercéder auprès du fisc pour que l'UNEQ pût délivrer des reçus à ses donateurs. Ceux-là auraient ainsi la possibilité de déduire de leur revenu imposable les subsides (charitablement) versés dans notre fonds de secours. « Les créateurs aussi ont un moi de taille, me fut-il répondu sous la forme d'une N.D.L.R. accolée à ma lettre reproduite en intégralité dans la page des lecteurs, un moi dont le gabarit se compare à celui d'un Maciste ou d'un Hercule, pour utiliser vos références. » Je ne conteste pas cela. Il y a toutefois une explication très pragmatique au fait que nous, dont le travail est de créer, soyons branchés en permanence sur notre subjectivité, quelque chose qui ressort au gros bon sens. Pour que nos pas marquent le sol d'empreintes nettes, il nous faut bien identifier nos forces, compenser sans désemparer nos faiblesses (traîner de la patte, boitiller), adapter notre vitesse de croisière aux fluctuations de notre système nerveux et aux cadences de notre pouls. Par contre, les critiques n'ont rien qui puisse légitimer l'égotisme dont ils sont bouffis (surtout quand ils le poussent à son paroxysme) puisque les matières sur lesquelles ils seraient censés concentrer leur attention, un tableau, un livre, un film, sont extérieures à eux[48].

Ceux qui me hérissent le plus, je crois, ce sont les critiques qui s'adressent à moi par-dessus la tête de leurs lecteurs. Quatre fois sur cinq, leurs apostrophes (indirectes, il va sans dire) n'ont pour but que de me faire la leçon. « L'auteur aurait dû s'orienter vers, s'appuyer sur, prendre le risque de, s'attacher à, persévérer dans... » Ils nous traitent comme des êtres immatures réfractaires à la réflexion théorique. Pour ces esprits finement aiguisés,

---

48. Après quoi soupirent-ils ? Que briguent-ils dans le tréfonds de leur âme ? Voilà des questions essentielles. Bien sûr, si l'objectif que visent les critiques est de nous supplanter dans notre secteur, de nous évincer à brève échéance des lieux où nous nous épanouissons, le problème du je ne se pose absolument plus dans les mêmes termes.

nous sommes des primitifs qui, sous la gouverne de l'inconscient, baragouinent des messages qui ont l'allure des oracles de la pythie de Delphes. Ou, variante encore plus chromo, des stakhanovistes qui s'acharnent à noircir chaque jour un nombre X de feuilles de papier. Voilà l'image qu'ils se font des créateurs. Eux qui, pour la plupart, n'ont jamais écrit un seul paragraphe de fiction savent parfaitement comment fonctionne un roman de quatre, cinq, six cents pages. D'où leur vient cette compétence ? En vertu de quel magistère s'avisent-ils de nous apprendre notre métier ? Ne seraient-ils pas plus efficaces s'ils se bornaient à fournir des renseignements au public et à le guider dans ses choix ? Personnellement, cela m'horripile d'avoir à supporter des convives qui, après avoir pignoché dans les assiettes, me prodiguent leurs conseils quant à la composition de mes prochains menus. Ils chipotent sur le croustillant des gaufrettes, l'aigrelet des gelées, le lié des meringues... L'engeance ! Suis-je obligé de subir sans sourciller l'intrusion dans mes cuisines de cet escadron de marmitons ? Ils violent mon intimité. Par écrit, je les remets à leur place sur un ton comminatoire. De vive voix, c'est différent. Comme je suis bien élevé, je les rabroue du bout des lèvres. Je respecte les règles de base de la politesse[49]. Et, tandis que jacassent ces olibrius, mes circuits cérébraux grésillent en pure perte. D'où leur vient leur compétence ? ! me suis-je demandé plus haut. Question naïve. Elle leur vient évidemment des livres qui frétillent à l'état d'animalcules dans l'encre de leurs veines. Ces chefs-d'œuvre virtuels les autorisent à réduire en charpie ce qui, dans

---

49. Au moins, je boycotte les colloques littéraires où, invités en tant que simples observateurs, ils accaparent les micros et parasitent le débat.

les colis qui leur sont régulièrement expédiés par la voie des services de presse, reste en deçà de leur idéal, soit la presque totalité de ce qui aboutit sur les rayons des librairies. Ils sont là à nous tancer : « Taisez-vous. Nous étudions votre style. » Ils ne plaisantent pas, non. Ce sont eux, les spécialistes. Les auteurs n'ont pas, selon leur verdict, le crédit requis pour parler de ce qu'ils font[50].

« Je ne voudrais pas de toi comme biographe ! » m'avait lancé un confrère à l'époque où, en plus de siéger au comité de lecture des éditions du Jour, je collaborais à la plupart des revues littéraires qui avaient pignon sur rue. De quinze ans mon aîné, mon interlocuteur avait un statut enviable dans le milieu. Essayait-il par une boutade de me signifier qu'il craignait la sévérité de mes jugements ? Si je m'étais bâti une réputation d'enfant terrible en clouant au pilori plusieurs des écrivains de sa génération, l'article que j'avais consacré à son dernier livre était plutôt élogieux. Je lui reprochais juste d'épurer ses phrases au point de les rendre diaphanes. (Trop châtiée, une langue finit par devenir timorée, non ?) Après une brève conversation où il se montra aussi affable qu'enjoué, je compris qu'il m'appréciait. Mais, comme Balzac, il pensait qu'un romancier désireux de garder sa plume alerte doit éviter deux choses, fumer des cigares et se livrer, même de façon sporadique, à des

---

50. Il arrive cependant qu'on sorte la fanfare pour louer mon expertise en matière de style. La scène qui suit m'est jouée assez fréquemment. L'entretien vient de se terminer. « Merci », me dit le journaliste. Et là, à brûle-pourpoint : « Me feriez-vous l'honneur – il insiste sur le mot – de lire un manuscrit de moi ? J'ai pris la liberté de vous l'apporter. » Il me désigne un cartable qui dépasse d'un sac brun. « Soyez très à l'aise, bégaie-t-il entre deux cabrioles. Si vous refusez, je ne vous en tiendrai pas rigueur. Pourtant j'aimerais énormément connaître l'opinion d'un professionnel de votre calibre. »

travaux de critique. Lui qui aimait jouer les mentors et prendre de jeunes auteurs sous sa coupe trouvait que j'étais trop porté à disséminer mes énergies.

— Un bon auteur ne fait pas nécessairement un bon critique, tu le sais aussi bien que moi.

« Et un mauvais auteur ? » lui rétorquai-je pour le narguer. J'aurais pu m'en dispenser. À quoi bon me faire plus arrogant que je ne l'étais ? Madré comme un maquignon, mon vis-à-vis avait une ribambelle de tours dans son sac. Puis, point crucial, il m'aurait été très ardu de lui donner tort sur le fond. Les auteurs sont en effet de piètres critiques[51]. Ils répugnent à se laisser charmer par ce qu'ils lisent. À peine ont-ils entrepris la lecture d'un ouvrage qu'ils y détectent déjà les obstacles avec lesquels ils risquent d'entrer en collision. Soumis au tempo qui rythme leur propre rhétorique, ils sont enclins à remanier l'ordre des mots qui défilent sous leurs yeux. (À confronter sans arrêt sa syntaxe avec celle des autres, on tombe vite dans la dyslexie.) Les auteurs manquent décidément trop de disponibilité pour être de bons lecteurs. L'acte d'allégeance qui consiste à adopter un regard neuf le temps que dure la traversée d'un livre, ils sont incapables de s'y astreindre plus de dix minutes. Prompte aux débordements, leur personnalité envahit les pages du volume qu'ils parcourent. Leur curiosité et leur empathie se mobilisent pour guetter le ressac de leur style sur celui d'autrui. Qu'est-ce qu'un bon lecteur ? C'est à mon avis quelqu'un qui consent à s'effacer devant des proses qui lui sont étrangères (parfois jusqu'à l'oubli

---

51. En revanche, les critiques qui ont publié des romans se sont familiarisés avec le b. a.-ba de la création et ont acquis des notions qui, en affinant leur discours sur l'écriture, l'ont débarrassé de quelques sornettes.

de soi), quelqu'un dont l'attention aux mystères dont les textes sont l'enjeu ne s'émousse jamais. Le critique ne devrait-il pas d'abord et avant tout être un bon lecteur ?

Dernièrement, j'ai eu une altercation avec un critique qui avait mentionné à la fin d'un article que le roman dont il venait de rendre compte, roman d'un auteur reconnu pour son humour au vitriol, avait été refusé par deux éditeurs. Révélation peu pertinente, me semblait-il. Elle eût été correcte si le critique avait défendu le livre incriminé mais, comme il l'avait envoyé à la trappe en trois paragraphes, cet ajout avait quelque chose du coup de pied de l'âne. « Peu pertinente ? » s'est-il renfrogné. Qui étais-je pour lui dicter sa conduite ? « Épargnez-moi, je vous prie, vos homélies de missionnaire laïc. » Et patati, et patata. En fait, il s'agit d'une constante : les critiques ne tolèrent pas d'être critiqués[52]. (Ce handicap ne relève-t-il pas d'une espèce d'atavisme ?) À en juger par la violence avec laquelle ils vous interpellent quand vous émettez le moindre doute sur leur probité, j'ai l'impression qu'ils se croient infaillibles. Nous ne sommes pourtant pas si nombreux à les admonester. La peur des représailles nous rend circonspects. Même les plus pugnaces d'entre nous gardent le caquet bas. Ou restent cois. Protestez contre les abus d'un critique et il braillera comme une mule attaquée par les frelons. Plaignez-vous de ses fautes et il ruera dans les brancards. Remuez le coussin de lauriers sur lequel il dort et il hennira encore plus fort que si vous lui aviez planté une baïonnette dans

---

52. Ceux qui ont la couenne dure sont l'exception qui confirme la règle. En général, ils sont journalistes depuis longtemps et cette capacité qu'ils ont d'essuyer les rebuffades, ils la doivent aux années qu'ils ont passées à suer sous le harnais.

les fesses. Les créateurs, eux, font preuve de plus de stoïcisme quand ils se font écorcher.

N'essayez pas de persuader un critique qu'il a mal interprété un de vos livres. Comme l'écume des flots sur les piliers d'un phare (ou d'une plateforme de forage), vos arguments glisseront sur ses certitudes et n'y laisseront que des grains de sel. Pour riposter à vos avancées, il brandira un credo, une sourate, un oukase : à l'exemple des golems, il est toujours porteur d'énoncés abracadabrants, de rébus, de formules aux relents cabalistiques. N'espérez pas ébranler ses convictions en lui citant les noms de critiques (Brunetière, Faguet, Lemaitre, Sainte-Beuve, Thibaudet) qui ont fait l'apologie d'œuvres qu'on ne lit plus parce que, déracinées de leur terreau originel, elles sont devenues caduques. Que les critiques soient souvent les haut-parleurs des modes l'embarrasse peu ou prou. Lui qui écrit pour un public dont les attentes sont connues et, par conséquent, pour la perpétuation d'un ordre esthétique dont il est le caudataire, il ne peut s'empêcher de penser qu'il travaille pour la postérité. Si vous avez la témérité de le chicaner là-dessus, il vous accusera – y a-t-il pire félonie ? – de trahir la cause de la littérature. Que, manque de discernement, des critiques à leur apogée aient démoli des ouvrages dont on acclame aujourd'hui le génie, voilà qui devrait l'inciter à la modestie. Ce n'est pas le cas.

Les critiques qui se prétendent les plus justes dans leurs analyses et qui se déplacent à travers les textes, un glaive dans une main, une balance dans l'autre, ont presque tous un bandeau sur les yeux. Et leur degré de cécité dépend de la trame du tissu dont est fait ce bandeau. Les prospecteurs qui se baladent avec des compteurs de zeugmes, des détecteurs de catachrèses et des calibreurs d'allitérations ne sont pas plus utiles. Dieu nous préserve aussi des hallucinés pour qui la lecture est un trip psychédélique dont le but est de nous amener à vingt mille lieues du réel. (Ces cendrillons voient dans leurs rêves des couettes en duvet de cygne, des oreillers bordés de fourrure de vair, etc.) Quant aux commentateurs qui se sont entichés du dictionnaire médical (ah ! la phobie de la septicémie larvée, du panaris, de l'hémorragie interne, de l'emphysème, du cancer, de l'hépatite, de la sénilité, de la démence) et qui expliquent le talent par les dysfonctionnements endocriniens, ils se signalent plus par leur hypocondrie que par l'exactitude de leurs diagnostics. Et, dix-neuf fois sur vingt, les remèdes drastiques que ces charlatans nous prescrivent s'avèrent inefficaces.

Mes préférences vont aux critiques à l'esprit léger et à l'humeur primesautière, surtout s'ils ont une vaste culture pour étayer leurs jugements. J'admire leur perspicacité et leur clairvoyance. Ils fuient comme la peste les alliances tactiques, les collusions... Peu cependant se soucient de mettre en valeur les ouvrages qu'ils affectionnent. Pour eux, ce qui compte, c'est de marteler leurs sentences de manière à ce qu'elles se gravent dans les mémoires. (Je parle en connaissance de cause puisque, quand j'étais critique, c'était ce à quoi je vouais mes efforts[53].) Qu'il accepte ou non d'en convenir, l'ambition du critique est que son propre texte devienne littérature, comme aurait pu le dire Giorgio Manganelli. Je ne conteste pas qu'il soit enivrant d'aspirer à l'apothéose de l'activité à laquelle on consacre le meilleur de soi.

---

53. Pour une belle chute ou une image-choc, je cédais facilement à la goujaterie.

Mais, à vouloir recenser tous les titres qui arrivent en librairie, on fait du toc sur du toc. Car comment faire de la littérature sur ce qui n'est en général qu'un ramassis de compost, de terre fangeuse, de nids de guêpes, de feuilles mortes et de détritus calcinés ? Ne faudrait-il pas pour cela avoir plus de talent que la plupart des romanciers, des poètes, des essayistes ?

Les critiques qui ont la réputation d'être très exigeants me font penser à ces professeurs qui font échouer les deux tiers de ceux qu'ils ont pour mandat d'éduquer. On tremble devant eux. Pédagogues obtus et sardoniques, ils se pavanent sur les estrades en vitupérant contre tout. Les écarts qu'ils observent entre leurs chouchous et le reste de la classe les accablent. Ils érigent autour de leur monde des cloisons étanches, impénétrables. Ils ont en eux tellement d'acrimonie qu'ils étouffent chez leurs étudiants toute étincelle d'originalité. Dieu merci, ils ne sont qu'une minorité. Je n'aurais pas aimé être identifié à ces croquemitaines. M'entendre avec mes semblables m'importe. Qui a envie d'être victime de l'ostracisme de son clan ? (Dans les périodes où j'ai été critique, il m'est arrivé, je l'avoue, de m'interdire d'esquinter des livres dont le ratage était pourtant clair et net. J'ai suivi les mots d'ordre. J'ai agi ainsi pour rester dans le coup. Pourquoi écailler d'un trait le vernis de franche camaraderie qui égayait mes rapports avec mes collègues ? Pourquoi briser le consensus ?)

Certes, il existe des critiques moins pusillanimes que je ne l'étais (moins paranoïaques aussi, j'en conviens), des critiques qui ont assez de personnalité pour créer le coup et ne pas succomber à la tentation du travestissement. Non seulement ils appartiennent à un cercle très restreint, mais ils ont tous, à ma connaissance, déjà commis de graves erreurs d'évaluation. J'ai été critique suffisamment longtemps pour que me soient familières les règles du métier, la première étant de distraire les lecteurs. Et il n'y a pas dix mille façons de capter l'intérêt du public. Si le style dont on s'est doté n'a pas assez de cachet pour marquer les nuances de sa pensée, on abrège les préliminaires, on profère des opinions extrêmes, on tempête, on joue les contempteurs. Ne me demandez pas si, dans ce contexte, une mauvaise critique me chagrine. Tout cela, vais-je vous répondre, est relatif. Chose sûre, j'ai plus d'indulgence pour le critique qui est lu, qu'il soit bienveillant ou non, que pour celui qui dédaigne ses lecteurs. Celui qui dédaigne ses lecteurs sévit sans motif, pas même celui d'amuser la galerie, et je le méprise.

10

LE CANADA FRANÇAIS compte peu de vieilles fortunes, situation imputable à des facteurs sociohistoriques. La possession des biens de ce monde a longtemps été fustigée par l'Église catholique. Pour elle, il s'agissait d'une flétrissure, d'un opprobre, d'une chimère chevauchée par des créatures rapaces et cupides sorties des tableaux de Jérôme Bosch. C'est seulement dans les dernières décennies que la répartition de l'argent a été chambardée, quand les trompettes du libéralisme ont retenti pour promulguer l'abolition des discriminations fondées sur les clivages ancestraux. L'aune servant à mesurer la valeur d'un individu étant désormais un alliage de hardiesse, d'initiative et d'ambition, les nouveaux riches ont prospéré. « Lucratif ? J'ai tapé le million, me dit un voisin qui hier encore bricolait des programmes informatiques dans le sous-sol de sa maison. Je suis à tu et à toi avec les grosses légumes de la banque. Les vœux que je fais devant le gérant de ma succursale sont exaucés rubis sur l'ongle. »

Ces exemples de succès spontanés abondent. On en témoigne d'ailleurs à profusion dans les médias. Ce qu'on ne souligne cependant pas assez, c'est à quel point les nouveaux riches restent béotiens. Au concert, dès que le mouvement que joue l'orchestre est un peu rapide, ils se dandinent et se trémoussent en rêvant au tintamarre des shows de rock dont a été gavée leur adolescence. Au théâtre, ils savent qu'il est malséant de huer une pièce de Sophocle ou de Shakespeare, mais ils seraient bien en peine d'expliquer pourquoi. Au musée, ils confondent têtes et bustes, gouaches et lavis, etc. Bref, c'est la pagaille. En outre, la plupart ont d'énormes réticences à dépenser. Délier les cordons de leur bourse est pour eux une épreuve extrêmement cruelle. Et, comme des athlètes en instance de sevrage, ils ne réussissent pas du premier coup[54]. Dès lors, il est certain que, malgré les avantages fiscaux qui y sont attachés, le mécénat leur semble le plus exigeant des sacrifices. (Avec quelle prudence ils apprivoisent cet étrange concept !) Une obole versée aux bateleurs ambulants qui squattent l'ancien cinéma Berri ? Une poignée de monnaie lancée en grêle dans l'étui de guitare du vieux chanteur de flamenco qui, à l'heure du lunch, transporte ses pénates près de la bouche de métro de la station Square-Victoria ? Oui, d'accord, ils ne sont pas si chiches – mais le vrai mécénat, c'est une autre histoire. Avant qu'ils envisagent d'investir dans le secteur des arts (quitte, par un jeu d'extrapolations, à y étendre l'hégémonie qui est la leur dans la finance), il faudra quelques générations. Les habitudes intrinsèques d'un troupeau ne se changent pas en criant ciseau. Avec leur culture, les descendants seront plus prodigues que leurs aïeux. Et, à sa façon, la critique participera à l'éducation de ces représentants du cheptel humain.

---

54. L'argent vite gagné n'est pas moins dopant que les hormones de croissance ou les anabolisants.

Comment ? En leur dessillant les yeux, en leur désignant des espaces où s'ébattre, où pacager. A-t-elle conscience, la critique, du rôle qu'elle a la possibilité de remplir ? Se rengorge-t-elle à l'idée qu'il lui est loisible d'occuper un champ contigu à celui des propédeutiques officielles et reconnues ? Combien de nouveaux riches vont acheter un livre à cause des avis des experts cités en jaquette ou en quatrième de couverture ? Combien vont réserver des billets pour un spectacle de théâtre parce qu'ils ont entendu à la radio ou lu dans un magazine que la mise en scène valait le déplacement ?

Pour autant qu'il affiche un comportement de professionnel et renonce aux accoutrements de la versatilité, le critique destine ses écrits à un public précis, le public des personnes abonnées au journal ou à la revue où il case sa prose. Il sait grosso modo quels en sont le niveau de vie, le degré de scolarisation, le coefficient de sédentarité, la moyenne d'âge, le seuil de tolérance et, quand il rédige un article, il a en tête quelqu'un de concret, une sorte d'interlocuteur muet dont il s'ingénie à deviner les pensées. Aussi a-t-il passablement de difficulté à croire que l'écrivain, lui, ne s'adresse pas à un auditoire défini.

C'est d'abord pour satisfaire ses propres besoins que l'écrivain s'applique à évoquer, commenter, dépeindre, raconter. Il procède à tâtons, rampant sous les rets du convenu, du banal, obliquant à hue, à dia, titubant dans la pénombre des lieux qu'il s'est donné pour tâche d'explorer. Dans une conjoncture aussi aléatoire, il serait de sa part téméraire d'essayer de répondre aux questions que se pose le public. En fait, les lecteurs qu'il s'invente dans les moments où il galère devant son ordinateur sont des personnages aussi imaginaires que ceux qui peuplent ses fictions... Oh ! cette propension au solipsisme ne l'empêche pas de souhaiter ardemment que ses œuvres soient lues, discutées, débattues par les gens. S'il écrit pour se faire plaisir, il ne s'objecte pas à partager ses découvertes avec autrui. Au contraire, il veut atteindre des personnes concrètes. Désireux d'être compris par les siens, i.e. vous et moi, il n'utilise jamais un langage dont lui seul posséderait le code. (Même un Gauvreau nous tend des perches pour nous aider à percer les glorieux ou douloureux mystères de sa poésie.) Il est souvent moins déconnecté du réel que nombre de journalistes[55].

Oui, je m'attends à ce que les livres que je sors de moi provoquent des remous dans l'entourage. Positifs, de préférence. Négatifs, faute de mieux... (Quelques clapotis, est-ce trop demander à la Providence ?) Rien de plus décevant, dans les semaines qui suivent une parution, que de feuilleter les journaux et de n'y trouver nulle mention de mon nom. Accoucher dans l'indifférence générale est un sort infâme. On est alors spolié de ce qu'on a de plus précieux. (Où sont les obstétriciens et les infirmières ? !) On peut toujours se remonter le moral et recouvrer sa quiétude en se disant que les vrais lecteurs ne sont pas les critiques. Mince consolation, me susurrent les attachés de presse. Mince ? J'en doute... Sincèrement, je ne suis pas de ceux qui, lorsqu'ils publient un titre, guettent les réactions de la presse. À deux ou trois exceptions près, ces réactions sont trop manichéennes pour me déstabiliser. Ma folie à moi s'exprime autrement. À cause des séances de signature qui viennent bouleverser mes horaires (et qui sont les

---

55. Je pense aux chroniqueurs, aux échotiers qui s'emmitouflent dans un tortillon d'inepties distinguées, de rodomontades, de quolibets...

épreuves obligées du rallye médiatique où je suis em-
bringué à mon corps défendant), je bouille de ne pouvoir
consacrer à mon écriture autant d'heures que je le
voudrais. Impatient de faire fi de ce battage où je suis
moins acteur que figurant, je m'enfièvre comme s'il
fallait que j'annexe illico à mon dernier ouvrage un com-
plément, un codicille, un démenti... Dans mon délire,
je me persuade que va sourdre de moi un hymne à la
louange de la création. Or, s'il m'arrive de grappiller un
peu de temps dans le programme qu'on m'a tracé, par
exemple entre deux interviews, et de griffonner quelques
fiches sur une table de restaurant, je ne conserve ordi-
nairement que deux ou trois phrases de ce méli-mélo.

Je supporte avec équanimité les délais parfois inter-
minables que s'accordent les chroniqueurs littéraires
avant de me faire l'honneur de parler de mes livres. Il
s'agit d'anicroches. J'ai parmi mes relations des auteurs
qui grimpent dans les rideaux le jour de leur lancement
et qui n'en descendent que six mois plus tard. Si les articles dithyrambiques me flattent, ils ne me grisent pas.
Quand un ténor de la presse prend en grippe le style qui
caractérise mes romans, cela me contrarie, mais ni mon
appétit ni mon sommeil n'en sont perturbés. En somme,
je ne suis pas trop endolori par les éreintements. Si les
médias recevaient mes productions dans le silence le plus
total, ce serait probablement une autre paire de
manches. Par bonheur, jamais ce traitement ne m'a été
infligé[56]. Il y en a, et je pourrais citer des noms, que cela
a conduit directement à la dépression. En ce qui me
concerne, ce que j'encaisse avec le plus de difficulté, ce

---

56. Les livres sont des boomerangs : s'ils ratent leur cible, ils reviennent
siffler aux oreilles de ceux qui les ont lancés.

n'est pas tant la malveillance de certains critiques[57] que la sollicitude butée des gens qui, sous prétexte de me tenir au courant de ce qui se pense et de ce qui se dit, me bombardent des ragots qui sont colportés à mon sujet. Ces âmes charitables me jettent dans un abominable hourvari. Leurs manigances me donnent envie de saborder mes vaisseaux et de m'emmurer sous une falaise de la terre de Baffin. À chacun ses robinsonnades.

Les écrivains qui emploient la majeure partie de leur temps à rédiger des livres sont moins connus que ceux qui collaborent à des magazines ou qui billettent à la radio. Nos sociétés sont friandes de polyvalence, de permutations, de mascarades, d'inversions de rôles. Pour le médecin affecté à la rubrique santé du journal du dimanche, soigner les malades devient vite une activité marginale. Et le sémillant notaire qui (poudré, fardé, vêtu de pied en cap par des boutiques dont les sigles et les noms se succèdent au générique) anime des émissions de vulgarisation juridique se définit autrement que par les notions de nue-propriété et d'usufruit qu'il a apprises à la faculté de droit, lui qui évolue maintenant dans le monde de la télévision. « Pourquoi écrivez-vous ? » me demande-t-on régulièrement. Et je comprends : « Pourquoi vous obstinez-vous à faire une chose qui n'intéresse, au mieux, qu'une poignée d'intellectuels alors que vous pourriez, sans vous morfondre, rejoindre un vaste public ? » Si je réponds : « J'écris par vocation », je ne convaincs guère. Étymologiquement, les mots tact et doigté auraient dû appartenir au vocabulaire des attouchements. Mais, plutôt qu'à des jeux sexuels, ils

---

57. Je ne voudrais pas insinuer ici que tous les motifs qu'on invoque pour réprouver mes choix esthétiques sont hypocrites.

renvoient à la politesse et à la bonne entente. Telle est, contre toute attente, leur acception usuelle. (Pour les dénotations lascives ou lubriques, prière de chercher ailleurs dans le dictionnaire.) Ainsi, on allègue que les rapports entre écrivains et critiques gagnent à être empreints de doigté et de tact. Je ne nie pas la pertinence du conseil. Il s'avère judicieux quand, des deux côtés de l'échiquier (ou du ring), on a atteint l'âge d'une relative sagesse. C'est que, même si la dent reste dure et exempte de caries, la gencive, elle, finit par se ramollir : avec les années, on perd de sa voracité et de sa hargne. Les critiques aiment que les écrivains leur montrent de la déférence – ce qui est légitime. (Sur le chapitre des bienséances, ceux qui exercent le métier depuis des lustres sont plus chatouilleux que leurs cadets.) Le respect de l'étiquette adoucit les différends, c'est sûr, mais l'urbanité et la courtoisie n'ont pas grand-chose à voir avec la valeur objective d'une littérature. Je ne m'attribuerai pas plus de magnanimité que je n'en ai. Euh... Bien que je sache qu'un patrimoine culturel ne s'édifie pas plus sur les flagorneries que sur les témoignages hagiographiques, entre deux critiques, je préfère celui qui fait mon panégyrique à celui qui me casse du sucre sur le dos.

Demandez aux gens : les neuf dixièmes lisent pour se distraire. Ils ne sont pas attirés par les romans qui les ramènent aux bas micmacs, aux sordides compromissions, aux lâchetés qui sont le lot de l'humaine condition. C'est une minorité qui se prévaut de méditer sur les tares qui nous affligent. Lorsque je suis à ma table de travail, je n'ai pas en tête un auditoire donné. Cependant, vu les thèmes que je privilégie, il est clair que je m'adresse à une frange et non à la masse du public. Et, en dépit de la forte prétention que d'aucuns ne manqueront pas de me prêter, j'ose penser que j'écris pour les vrais lecteurs[58].

Ceux que j'appelle les vrais lecteurs ne se sentent pas supérieurs aux auteurs, comme cela arrive à certains critiques. Ils ne se sentent pas inférieurs non plus, ce qui altérerait leur jugement et pervertirait les relations qu'ils entretiennent avec les textes. Affranchis des codes procéduriers, libérés des flaflas et des décorums, ils traitent d'égal à égal avec les auteurs qu'ils ont choisi de pratiquer[59]. N'est-ce pas ce qui rend si fructueuses leurs expériences de lecture ? Individualistes de réputation, farouches même, les vrais lecteurs ne sont pas portés à rallier les clubs, les ligues, les sérails – et c'est en solitaires qu'ils fréquentent bibliothèques et librairies. Ils lisent lentement, soucieux de ne pas brûler les étapes, conscients que leur plaisir dépend de la vigilance sereine, de la curiosité tranquille, de l'attention qu'ils vouent à chacun des mots imprimés sur la page. C'est là ce qui les différencie des critiques qui traversent les livres à la hâte parce qu'ils doivent boucler leurs articles avant l'heure de tombée. Voilà pourquoi, une fois qu'ils ont contrôlé la vraisemblance d'une intrigue, la plupart estiment que leur travail est terminé. Et seules trouvent grâce aux yeux de ces critiques les fictions qui offrent une copie fidèle des turbulences et des turpitudes du

---

58. Maintenant que les élus gouvernent par sondages, que ce qu'idolâtre la foule reçoit le sceau d'approbation de l'intelligentsia et que les critiques estiment que l'ascension d'un livre dans la liste des best-sellers est un gage de qualité, les vrais lecteurs sont en voie d'extinction. Et des mots tels que médiocrité ou vulgarité, dont on a forcément moins besoin, risquent de tomber en désuétude.

59. Loin d'encourager à cette familiarité, les universités vont exiger des étudiants en lettres un asservissement quasi total aux œuvres au programme.

monde. « Est-ce ainsi que les liens se tressent dans un pensionnat ? Dans une caserne ? Dans un casino ? À bord d'un bateau ? Ces descriptions correspondent-elles scrupuleusement à la réalité ? En font-elles une synthèse exacte ? Exemplaire ? » Et gare à l'auteur pris en flagrant délit de pure invention... Dès lors, on n'est pas surpris que les vrais lecteurs repèrent des motifs, des arabesques, des rinceaux, des entrelacs dont la critique, à qui le temps manque pour se pencher sur les filigranes de l'œuvre, n'a pas décelé l'existence. Mais cette superbe, cette formidable lenteur avec laquelle ils s'imprègnent de nos phrases entraîne aussi quelques désagréments puisqu'elle a des répercussions sur les délais dont ils ont besoin pour nous accorder la reconnaissance à laquelle nous aspirons. En effet, ceux d'entre eux (et ils ne sont pas nombreux) qui se manifestent à nous parce que tel passage les a émus ou tel détail les a touchés le font plusieurs années après la sortie de nos ouvrages[60].

En raison du déferlement de la production[61] et des contraintes inhérentes à l'exercice du métier, les critiques sont, on le sait, obligés de courir au plus pressé. Ils n'ont pas la liberté de musarder. Flairant une piste, ils s'y lancent à fond de train, truffe à ras de terre – et pas une seconde ils ne songent à la quitter. (Ils ont l'allure rechignée des acteurs de comédies de *slapstick*, tantôt

---

60. Et nous leur adressons un petit merci sec. Que pourrions-nous ajouter ? Ils nous disent d'une voix chevrotante que nous avons révolutionné leur vie et, parce que nous sommes à présent loin du livre auquel ils font référence, nous les traitons comme si leur témoignage nous laissait de glace. « Il vaut mieux ne pas chercher à entrer en contact avec les artistes qu'on aime », décrètent-ils, vexés.

61. Chaque rentrée littéraire suscite un charivari dans les salles de rédaction.

Keystone Cops, tantôt Laurel et Hardy.) Rien d'étonnant à ce qu'ils parlent mieux des livres qui se lisent vite que de ceux qui se lisent lentement. Dans les faits, il reste si peu de professionnels capables de rendre compte adéquatement (i.e. en déployant juste ce qu'il faut d'assurance et d'érudition) des livres qui se lisent lentement qu'on a l'impression que le modèle a été remisé dans les caves de l'institution littéraire, avec le bataclan des genres obsolètes et des styles périmés. On constate en tout cas que la promotion de ce type d'écrits se fait davantage par le bouche à oreille que dans le brouhaha journalistique. Les livres qui se lisent lentement ont une carrière commerciale très brève. Au bout de deux semaines, ils disparaissent des devantures des librairies. On les fourre dans des boîtes et on les expédie là où ils attendront les commandes. Car, le plus souvent, c'est par l'intermédiaire des bibliothèques que se fait la lecture lente, celle qui sustente, qui revigore, celle qui traite les mots comme une matière organique. Que les critiques lisent en quatrième vitesse est décidément bien fâcheux pour les auteurs dont l'œuvre se savoure à petites gorgées[62].

Au moment où j'ai commencé à publier, les revues universitaires se questionnaient à l'envi sur l'essence (dix ans auparavant, quand notre société vivait les prémices de sa révolution tranquille, c'était sur l'existence) de la littérature québécoise. Elles en mesuraient avec régularité les crues et les étiages, risquant même des pronostics sur les plissements tectoniques qui en changeraient le tracé, les courants, le débit. Ces spéculations

---

62. Je dois cependant reconnaître qu'une personne intelligente qui lit un texte en diagonale en saisit mieux la portée qu'un crétin qui en épelle chacun des mots.

impliquaient du rabâchage, mais elles m'ont enseigné quantité de choses, tant sur les goûts et les attentes de la collectivité que sur la pratique de mon art. Et sous la pédanterie du ton perçait une foi vibrante, une authentique foi de catéchumènes dont la liturgie s'accomplissait dans de volumineux numéros spéciaux qui mettaient en liesse un noyau d'initiés. J'avoue que cette époque me manque[63]. À présent, on fait comme si tout allait de soi et on omet (plus grave encore, on refuse) de situer les œuvres dans l'écosystème dont elles dépendent, ensemble constitué d'influences, de résonances, d'échos, d'affinités... Moi, par exemple, je me suis mis à lire Queneau (dont je n'avais entendu, outre deux ou trois titres au répertoire de Juliette Gréco, que les *Exercices de style* enregistrés par les Frères Jacques) parce qu'un beau jour un critique universitaire a comparé ma syntaxe à la sienne. N'eût été de ce critique, j'ai bien l'impression que je serais passé à côté de *Zazie* et d'*Odile* ; sans doute n'aurais-je pas eu non plus le loisir de mémoriser les *Bucoliques* les plus espiègles, les plus cocasses, ni d'arpenter mon bureau en scandant les quarante-neuf sonnets qui concluent *Le Chien à la mandoline*. Ah ! ce net avantage que détiennent les critiques qui ont assez de culture pour percevoir les correspondances qui existent entre les œuvres.

Moi qui en suis presque arrivé à penser que toutes les approches théoriques se valent[64], j'exige deux choses des critiques. Primo, qu'ils m'énumèrent, sans en

---

63. Si vous m'aviez dit qu'un quart de siècle plus tard je regretterais l'âge d'or des revues savantes, je vous aurais ri au nez.

64. J'entends par là que je n'en connais guère de franchement répréhensibles – en ce sens qu'aucune d'entre elles ne pousse la bêtise jusqu'à exclure l'examen des œuvres de son processus d'investigation.

magnifier ni en édulcorer la teneur, les divers ingrédients que l'auteur, consciemment ou non, a fait entrer dans la composition de son texte[65]. Secundo, qu'ils me montrent les parentés qu'ils ont trouvées entre ce texte, si original soit-il, et d'autres textes du même auteur – ou de prédécesseurs qui l'ont inspiré. À ce jeu, les vétérans (qui devraient avoir une solide connaissance du corpus) ne s'illustrent pas nécessairement plus que les jeunes recrues et, en tant que consommateur de livres, je le déplore.

Les critiques ignorent la part de flou que comporte la création. J'en ai pris mon parti et je les laisse ratiociner selon leur fantaisie. Les mirages qu'ils caressent ne changent rien au fait que, moi, le seul paramètre dont je dispose quand m'apparaissent les premières images d'un récit, c'est le nombre de pages auquel j'aboutirai. Soixante ? Cent vingt ? Deux cents ? Cela, je le sais au départ. Pour le reste, je nage en plein brouillard. Affirmer le contraire serait céder à la mystification. En outre, même si je devine quelle longueur aura mon manuscrit, il ne m'est pas possible d'en abréger la gestation[66]. D'ailleurs, mes lecteurs ne m'en demandent pas tant. Malgré l'intérêt qu'ils me portent, la hâte qu'ils ont de se procurer mes prochains ouvrages n'est pas incoercible, loin de là. J'ai du temps pour mitonner mes projets.

Donc, aussitôt qu'un sujet s'impose à mon esprit, je vois de façon précise en combien de pages j'en aurai fait le tour. Un texte long est-il plus difficile à élaborer qu'un

---

65. J'apprécie qu'on me cite quelques phrases, histoire de me livrer un échantillon du style de l'auteur dont on parle. Deux ou trois, pas plus. Me pèsent ces articles aux allures de mauvaises dissertations qui reproduisent des paragraphes entiers des ouvrages qu'ils recensent.
66. J'ai autant de contrôle là-dessus que sur mon équilibre hormonal.

texte court ? J'en connais d'ultra-courts qui sont extra-ordinairement touffus. Une phrase d'un paragraphe est-elle plus chargée de sens qu'une phrase d'une demi-ligne ? J'en connais d'ultra-courtes qui ont la densité d'équations algébriques. (Par contre, les maximes ont maintenant pour moi le même poids de vérité que les horoscopes des magazines et j'ai peine à croire que j'en ai truffé les romans que j'ai publiés entre vingt et quarante ans. Au mieux, il s'agit d'énigmes maladroites, de formules creuses, d'approximations.) Nos critiques se plaisent à vanter les écritures minimalistes que, d'après les critères de leur esthétique, ils estiment exemptes de pléonasmes, de redites. À mon avis, ils se leurrent. (Ou nous bluffent.) Un style ne peut-il pas être à la fois riche et économe de ses effets ? Généreux et sobre ? Cette question, je la posais récemment au directeur littéraire d'une maison d'édition après qu'il m'eut raconté un rêve qui déréglait ses cycles de sommeil, rêve dans lequel, au volant d'une arroseuse de la voirie, il nettoyait non pas les rues de la ville mais des manuscrits géants ; à grands jets d'eau, la machine qu'il conduisait détachait des textes les mots superflus et les expulsait dans les larges et profonds caniveaux qu'étaient devenues les marges. Édifiant tableau... Dans le nouveau dictionnaire des idées reçues, il n'y a plus rien entre frugalité et gaspillage – et abondance a pour synonymes placotage, galimatias, ressassement. Ne devrait-on pas pourtant savoir que les mystères de la vie humaine ne se laissent sonder qu'au moyen de phrases variées, complexes, protéiformes ? Avec leur prose rachitique, les moralistes ne nous donnent du réel que des photos aux rayons X. C'est instructif, les rayons X, mais c'est joliment limité. Alors qu'un bon roman restitue aux lecteurs la nature

incandescente de l'existence, un mauvais roman a toujours un effet d'amenuisement – qu'il fasse cent ou mille
pages. La longueur n'influe nullement sur la qualité de
la narration. C'est une erreur de journaliste de penser
que, pour cerner un phénomène, il faut le réduire à ses
grandes lignes et qu'en matière de style la concision a
valeur de loi. La vraie compréhension des choses est plus
générale et, inévitablement, plus ample, plus vague. Bien
saisir un sujet exige une infinité de détours.

11

Les frontières qui départagent les genres littéraires sont aussi indécises, aussi changeantes que les minutes qui servent de transition entre la nuit et le jour. Certaines œuvres ont les teintes cendreuses des aubes de décembre ; d'autres, les embrasements des crépuscules d'août. Il y a des contes dont l'atmosphère repose sur des procédés appartenant à la poésie, des poèmes qui affichent la méticulosité des démonstrations scientifiques, des pièces de théâtre qui évoquent les numéros de cirque. Dans ce jeu d'empiètements et de transmutations, une seule chose semble constante : quand les théoriciens s'essaient à la fiction, eh bien, ce qui en découle laisse presque toujours à désirer. Que voulez-vous, on ne fait pas des romans pour exposer, si brillantes soient-elles, les vues qu'on a sur telle ou telle question. Dès l'instant où des concepts s'infiltrent dans un récit, la gangrène menace le tissu narratif.

Je parle des théoriciens mais, lorsque les romanciers s'avisent de nous transmettre leur philosophie de vie à travers la morale promue par leurs personnages, ce qu'ils nous livrent est en général aussi gai qu'un pensum. De là à soutenir qu'ils devraient se contenter de nous plonger dans leurs univers imaginaires, il n'y a qu'un pas. Pourtant, il faut que je l'avoue, les créateurs qui ont formulé les choses les plus pertinentes sur l'art d'écrire m'intéressent peu quand ils me racontent des histoires. Forte est la tentation de citer des noms : Annie Dillard, John Berger, Ernst Jünger, Julien Gracq, Florence Delay, etc. Eux dont me paraît si lumineuse la réflexion sur les mots, comment se fait-il qu'ils soient incapables de me séduire avec les affabulations qu'ils échafaudent ? Sont-ils trop sérieux, trop calculateurs pour se prêter sans barguigner aux jeux de la fiction ? Leurs personnages prennent des poses dans lesquelles ils se figent pendant des paragraphes, voire des chapitres entiers. Ils ont la raideur gourmée des mannequins des musées de cire. En fait, je mens quand j'affirme que ces romanciers m'intéressent peu. Ils m'intéressent par leurs pudeurs mal feintes, leurs astuces ringardes, désuètes. Ils ressemblent à ces professeurs qui, bien que férus de pédagogie, n'arrivent pas à capter l'attention des élèves. Ils m'intéressent par le faisandé de leurs supercheries. Ils m'intimident moins que les auteurs de chefs-d'œuvre du roman, car la pieuse humilité que requiert la fréquentation des chefs-d'œuvre n'est pas facilement compatible avec cette inébranlable confiance en soi dont on a besoin pour inventer ses propres histoires. Un chef-d'œuvre est une sorte de big-bang. Moi qui, vu mes moyens, m'en tiens à faire éclater des gerbes de pétards, j'ai évidemment moins d'affinités avec les créateurs de génie qu'avec les artisans qui tâtonnent, commettent des erreurs, expérimentent...

Comme tout patenteux qui se respecte, je suis un homme d'une vive curiosité, moitié parce que telle est mon inclination, moitié parce que j'en ai décidé ainsi. La meilleure manière de vieillir n'est-elle pas de garder

136

l'esprit éveillé ? Chaque jour m'apporte son lot de sur-prises. Non seulement les blasés se privent-ils d'une foule de plaisirs suaves et piquants, mais je suis sûr que ceux qui oublient de s'émerveiller des beautés de l'univers n'en remarquent bientôt plus les plaies les plus vis-queuses, les tares les plus viles. Même si leur légèreté m'exaspère, je préfère les êtres dont l'attention s'épar-pille aux quatre vents à ceux qui, profil bas, paupières lourdes, semblent revenus de tout. Rien ne me déprime plus qu'un créateur pour qui réfléchir est devenu une corvée et qui, partant, déclare forfait devant les exigences de la vie intellectuelle. Nombreux sont les écrivains qui adoptent aujourd'hui pareille attitude en se figurant que, moins ils penseront, plus grande sera l'importance qu'on leur accordera en tant qu'artistes. À force de se répéter qu'un artiste fonctionne plus avec les nerfs qu'avec la tête, les voilà, ma foi, persuadés que la raison nuit à l'instinct. Moi, tout m'incite à croire que, quand on est un intellectuel, on le reste aussi longtemps qu'on garde la pleine jouissance de ses facultés mentales. Vous avez là un schéma comparable à celui de la vocation reli-gieuse. Oh ! qu'il existe des défroqués, je ne le nie pas. Les plus vertueux hébergent des séropositifs, des mères célibataires, des déshérités ; les autres deviennent ma-quereaux, tenanciers de bordel, prêteurs sur gages, re-celeurs. Leurs gestes, leurs paroles conservent néanmoins quelque chose d'ecclésiastique. Une réserve, une onction, un quant-à-soi. Au sein d'un clergé quelconque, personne en principe ne peut se vanter d'être plus prêtre que son voisin. Le pape ne saurait être plus prêtre qu'un curé de campagne, qu'un aumônier de prison... Meilleur prêtre alors ? C'est une affaire de grandeur d'âme, j'ima-gine. Le degré de sainteté qu'indiquent les thermomètres spirituels varie selon les mœurs. (De la même manière, plusieurs intellectuels qui chez nous sont superlativement performants auraient un mal de chien à se faire entendre ailleurs.) Entre sept et onze heures, les prêtres célèbrent la messe. Comme la récitation du bréviaire, cette tâche appartient à leur ministère quotidien. Ils s'en acquittent avec plus ou moins de ferveur. Dans le prolongement du parallèle ébauché plus haut, reconnaissez que les intellectuels ont aussi l'obligation de réfléchir chaque jour. À propos, qui rangez-vous parmi les intellectuels ? Les professeurs d'université ? Les fonctionnaires ? Les chroniqueurs politiques ? Les philosophes ? Les essayistes ? Je pose la question sans malice aucune.

Ce qui distingue les bons des mauvais essayistes, c'est que ceux-ci vont au galop, cravache en l'air, cramponnés à leur monture. J'aime mieux voyager en suivant les itinéraires imaginés par les premiers, même si je risque d'arriver à destination avec une heure de retard. En me faisant sortir des chemins balisés, les bons essayistes me donnent la chance d'admirer le paysage. Les mauvais essayistes chargent leurs textes d'une énergie qui me semble disproportionnée par rapport aux sujets qu'ils traitent. Leurs arguments déferlent sur moi comme un mascaret. Ils me submergent, m'engloutissent. En effet, les penseurs pressés m'assènent leurs opinions sans ménagement. Chez eux, la véhémence supplée aux carences du style. Je sais qu'il vaut mieux discuter avec passion qu'avec nonchalance, mais l'ardeur avec laquelle on défend une thèse n'offre pas la garantie de susciter l'assentiment de l'auditoire. Quand j'ai débuté dans le métier, moi aussi, j'adorais exprimer mon avis de façon fracassante, comme on jette un pavé dans une vitrine.

Régulièrement, je participais à des tables rondes, à des panels. J'avais la réputation de décontenancer mes interlocuteurs par ma brusquerie. J'ai changé. Aujourd'hui, quand on sollicite ma présence à un débat, quatre fois sur cinq, je décline l'invitation. Si j'y souscris, c'est sans enthousiasme et, quand arrive mon tour de parole, je me borne à jongler avec des définitions tirées de trois ou quatre dictionnaires. Cela fait rire. Jouer sur les mots est la manière que j'ai trouvée pour ne pas refuser de dialoguer avec mes semblables. Au fil des ans, j'ai constaté que dialoguer (ou, pire encore, discourir) m'aide rarement à réfléchir. Discourir est une distraction que je traite avec juste assez d'esprit grégaire pour que m'apparaisse ensuite bénéfique et stimulante la solitude de mon bureau.

On pourra s'étonner, à cause de ce que je viens de dire, que j'accepte encore d'accorder des interviews. Je le fais pour la simple et unique raison que mes éditeurs croient que la tournée des radios et des télévisions aide à la promotion de mes livres. Ai-je tort de penser qu'ils se trompent ? En tout cas, quelles qu'aient été les réponses que j'ai données depuis trente ans aux questions des journalistes, ces derniers les ont toujours jugées tronquées. (Ils ne se sont pas gênés pour me le reprocher.) Dans les circonstances, il est compréhensible que j'aie été tenté de lâcher mon fou devant eux, de faire le comique, de m'ébaudir... Je sais que je m'exprime avec plus ou moins d'aisance quand on me braque un micro devant la figure. Je sais aussi qu'il y a un fossé considérable entre les gens de lettres et les gens de médias. (Et ce fossé, ce ne sont pas les fictions produites par nos journalistes, ces romans qui mêlent effets de mode et quétaineries, qui risquent de le combler.) La culture étant un plat qui se mange maintenant en fin de soirée[67], peu de mes lecteurs assistent à mes frasques. Ils n'ont donc pas à rougir de moi. D'ailleurs, suis-je vraiment si pitoyable ? Je n'ai pas ce qu'on appelle l'esprit de l'escalier. En fait, j'ai un assez bon sens de la repartie, je peux manier avec brio la litote et l'hyperbole, mais je ne tiens pas spécialement à marquer des points contre ceux qui m'interrogent sur mes habitudes, sur mes penchants. Au bout de dix minutes, je m'efface devant eux et, comme on dit familièrement, je leur laisse le crachoir. (Si j'étais garçon de café, on serait en droit de se demander si je n'adopte pas ce comportement pour ramasser de substantiels pourboires.) Souvent, je pourrais leur clouer le bec en une réplique. Je n'en fais rien. La vérité, c'est que le plaisir que j'éprouve à discuter est éphémère. Comme je me lasse vite d'argumenter, comme je ne veux pas avoir l'air de harceler mes vis-à-vis, je me désiste, je me mets délibérément hors jeu. Convaincre me serait pourtant facile. Je n'aurais, par exemple, qu'à me déprécier et mes interlocuteurs marqueraient leur acquiescement par de vigoureux hochements de tête. Au début de ma carrière, avec cette (fausse ?) modestie dont abusent les novices, je mettais de l'avant mes défauts dans l'espoir naïf d'entendre les autres se récrier : « Vous êtes dans l'erreur. Vos livres sont plus intéressants que vous ne le prétendez. » N'obtenant pas les résultats escomptés, j'ai rapidement cessé de me dénigrer. Moi, masochiste ? Non... Vous auriez cependant tort d'en déduire que je suis à présent satisfait de ce que j'écris.

---

67. Vous avez faim de nourritures spirituelles ? Il serait malavisé de vous asseoir devant votre petit écran avant minuit, car vous resteriez sur votre appétit.

Au rebours de ce qu'on a tendance à penser, il est rare que les praticiens de la littérature soient à l'aise dans la polémique. Orateurs peu diserts, ils ne sont pas doués pour tonner du haut d'une chaire ou jouer les Cassandre dans les meetings. Leur tâche est de marcher hors des sentiers battus, non de cicéroner des groupes, encore moins des communautés entières. Dans les débats, ils se conduisent comme d'indécrottables hurluberlus. Leur goût pour le paradoxe les amène à prendre systématiquement le contre-pied des opinions émises devant eux. Réaction instinctive, seconde nature... Ce n'est pas pour attirer l'attention sur eux qu'ils agissent ainsi. Non, voilà la façon toute bête qu'ils ont trouvée pour supputer, jauger, décortiquer les problèmes. (J'en connais même qui, s'ils n'ont personne à contester, battent en brèche leurs propres thèses.) Dans une réunion, ils sont de commerce plus stimulant que les critiques qui, quand vous tentez de leur faire valoir un point de vue opposé au leur, haussent la voix pour couvrir vos paroles. Croient-ils, pauvres benêts, avoir le dessus sur vous en refusant de vous écouter ?

Depuis quelques années, j'essaie d'éviter de me mettre en colère dans les discussions. Je déteste avoir le pouls qui s'excite au moment d'avancer une idée qui risque d'irriter, de choquer. Le terroriste, lui, se contente de lancer ses bombes dans le décor. Il ne se paie pas le luxe d'avoir des états d'âme. Il défend une grande cause et cela anesthésie sa sensibilité. Pareille ataraxie suppose évidemment une foi que je n'ai pas. Moi, pour prendre plaisir à un jeu (et l'interview en est un, le débat également), il me faut des adversaires auxquels me mesurer. Le poker m'intéresse plus que la roulette. Défier le hasard ne me grise absolument pas. J'ai horreur de l'aléatoire et des enchaînements qui ne sont pas logiques. Je préfère effleurer un sujet que de m'y montrer lourd, empoté. Je sais bien que cela paraît plus courageux de braver les forces du destin que de bluffer ses semblables, mais m'identifier à l'Alexeï de Dostoïevski ne me dit rien qui vaille. Je mise sur les cartes que j'ai entre les mains. J'ai toujours eu trop d'orgueil pour exprimer, oralement ou par écrit, d'autres avis que les miens. Quand je ne sais pas trop quoi penser d'un sujet, je me tais. Rien ne me crispe plus que d'entendre, sous la marquise d'un cinéma ou dans le hall d'un théâtre, les spectateurs ré-péter des phrases que j'ai lues dans le journal. Mille éclairs zèbrent alors la tranquillité de mon ciel. Je re-connais pourtant qu'il y a un avantage à procéder de la sorte. Les opinions d'autrui sont en général livrées avec une panoplie d'arguments qui les structurent, les re-haussent. S'arroger ce fourbi exige moins d'efforts que d'exposer un point de vue original – et dispense même souvent d'en avoir un.

Plus l'artiste se soucie de sa notoriété, moins il est porté à avoir de l'audace. Il protège ses arrières, devient prudent. Simultanément, son style se ravine, se sclérose, s'enkyste. En réalité, plus l'artiste soigne l'image qu'il projette de lui, plus il néglige la seule chose qui compte vraiment, sa production. On pourrait dire en caricaturant que plus il voue de l'importance à sa personne, plus il dédaigne son public. Voilà longtemps que l'autodérision m'est apparue comme la condition sine qua non à l'éla-boration d'œuvres toniques et durables. Et tant pis pour les journalistes qui ne veulent rencontrer que des auteurs sages, rangés ! La qualité qui me séduit chez un intel-lectuel, c'est la témérité, cette aptitude à remettre spon-tanément en question, le temps d'une hypothèse, d'un caprice, d'une saute d'humeur, une partie du système de pensée qui est le sien, au cas où cette virevolte révélerait soudain, sait-on jamais, un détail insolite et éclairant. Mais la plupart de nos intellectuels hésitent à s'extraire du cocon qu'ils se sont tissé, là, dans la chaleur et le confort de leur bibliothèque. Ils n'ont pas le caractère labile et aventureux qui fait le charme des nomades.

J'ai évoqué plus haut cet orgueil qui m'éperonne dans la recherche d'idées nouvelles, de formes inédites. N'allez pas confondre orgueil et vanité. L'orgueil est un défaut noble, exempt de mesquinerie. C'est un joyau d'une eau limpide. L'orgueilleux se remet volontiers en question. Le vaniteux, non. Il est trop frivole, trop superficiel pour concevoir le bénéfice qu'il pourrait en tirer. Moi, pour exercer mon métier avec un maximum d'efficacité, j'ai besoin d'orgueil autant que de modestie. Mon orgueil consiste à croire en toute candeur que j'ai quelque chose à dire (sinon où trouverais-je l'énergie et le cran pour m'installer chaque matin devant mon ordinateur ?) ; ma modestie, à m'astreindre à un travail de longue patience sur les mots[68].

La vanité est plus facile à supporter chez un acteur que chez un écrivain. L'écrivain n'est-il pas censé analyser l'âme humaine ? Dans ce cas, comment se fait-il qu'il ne soupèse pas mieux la sienne ? Cela se détecte, un complexe de supériorité, non ? On a l'impression que, plus un auteur est imbu de lui-même, plus est haute la tour au sommet de laquelle il s'isole. Il respire par

---

68. Ma fréquentation des écrivains m'a amené à constater que ceux qui pratiquent l'à-peu-près et la logomachie, ceux qui raboutent leurs phrases à la va comme je te pousse sont les premiers à fustiger la paresse des lecteurs. « Ils comprennent ce qu'ils veulent comprendre ! » s'indignent-ils. Jamais il ne leur vient à l'esprit que c'est eux qui manquent de discipline.

saccades, le torse bombé, le front dans les nuages. L'attrait du vide l'étourdit trop pour qu'il se risque à contempler le paysage. D'ailleurs, ferait-on attention aux vertiges de quelqu'un qui camperait sur le plancher des vaches ? Prendrait-on ce quelqu'un au sérieux ? À l'opposé, on a l'auteur ermite qui est enfermé dans une casemate. Est-il moins infatué que celui qui vit dans sa tour d'ivoire ? L'artiste doté d'un sens aigu du marketing et d'un gros ego – on disait autrefois « d'un tempérament fort » – n'a pas besoin d'avoir du talent pour s'imposer. Il occupe tellement d'espace qu'on finit par s'incliner devant lui.

12

Un cliché revient, celui de l'écrivain qui s'arrête au milieu d'une bibliothèque et s'exclame à la vue de tous ces livres entassés sur les rayons : « Qui suis-je pour oser ajouter mon grain de sel à ces mines de savoir ? » (Dans cinq secondes, il sera à ramasser à la petite cuillère.) Sans doute connaissez-vous aussi l'histoire du flocon de neige qui, alors qu'il est en train de valser entre ciel et terre parmi des milliards de flocons semblables à lui, se met à faire de l'angoisse et à se poser des questions identitaires. Or, si on se fie à la science, tous les flocons sont différents les uns des autres. J'ai donc raison de vouloir publier mes manuscrits, moi qui suis unique et original. Mon originalité, je l'ai développée au fil des ans. J'ai, par exemple, travaillé mes défauts – et pas nécessairement pour les corriger. Très tôt, il m'a paru clair que ce serait à partir de mes défauts que je me forgerais un style. Le style se définit pour la majorité des gens par la capacité d'alterner poncifs et trouvailles dans une prose bien léchée. Demandez autour de vous, vous allez voir ce qu'on va vous répondre. Je crois plutôt qu'un style s'acquiert en accentuant tel et tel trait de sa personnalité. Il n'est pas défendu d'avoir des maîtres, mais les meilleurs restent ceux qu'on sait d'avance inimitables.

Nombre d'auteurs confondent style et toilettage. Au lieu de muscler leur phrase, ils la talquent, la pomponnent... Et leur maestria est applaudie par les critiques. Il existe pourtant une différence entre, mettons, ébouriffer les bouquets qui décorent l'autel et dire la messe. Au bedeau, le métier de bedeau ; au prêtre, le métier de prêtre. Certes, transformer un texte n'exige pas forcément qu'on en repense toute la structure. On ravale un immeuble sans en refaire les fondations. Et il suffit parfois de changer l'agencement de bibelots sur une étagère – du coup, on dépoussière – pour modifier l'ambiance d'une pièce. Mais le style, c'est quand même autre chose. Moi, quand je travaille à un roman, je suis comme un enfant qui fouille dans un coffre à jouets. (Ou comme un scientifique qui fait de la recherche pure.) Retiré dans mon coin, je me soucie uniquement de mon désennui. Je n'essaie pas, l'ai-je assez répété, d'entrer en contact avec mes semblables. Je suis trop absorbé. Me sentir en connexion avec les personnages que j'ai mis au monde suffit à mon bonheur et comble mon besoin de relations humaines. Si vous, lecteurs, voulez participer à mes jeux, vous êtes les bienvenus – mais plus tard. Par un de ces paradoxes dont la littérature est prodigue, il se trouve que je vous touche plus en vous relatant des événements d'ordre privé qu'en vous transportant sur le terrain de l'universel. En d'autres termes, je vous émeus par ce que je vous révèle d'intime (et de ténébreux) tandis que la remémoration de nos expériences communes vous laisse froids. Évidemment, ce que je vous dévoile de moi, ce que je vous livre de singulier a quelque chose qui vous intrigue ; en revanche, ce que nous partageons d'emblée vous paraît aussi effiloché qu'un chiffon, aussi banal qu'une chansonnette et ne suscite chez vous que haussements d'épaules.

Rejoindre une multitude de gens tout en voguant allégrement à contre-courant des modes et des idées reçues, voilà la chimère que poursuivent les artistes qui me sont proches. Le défi qu'ont à relever les peintres, les photographes, les romanciers n'est pas de reproduire la nature le plus fidèlement possible mais de la montrer sous un jour neuf. Le talent n'est pas d'abolir l'écart entre le réel et l'art ; c'est, au contraire, de le souligner d'une manière déroutante et inattendue. N'en déplaise aux amateurs de réalisme, l'authenticité s'obtient par la transposition, la transgression. L'écrivain tâche de faire en sorte que chacun de ses paragraphes comporte une image neuve. Voilà le but qu'il vise. À l'inverse, le réviseur et le correcteur d'épreuves veillent avec opiniâtreté au respect des normes[69]. Les trouvailles les agacent, les déconcertent, les offusquent – et les lieux communs les rassurent. Résolument à cheval sur la grammaire, ils ne comprennent pas les auteurs qui en chamboulent les conventions. L'erreur de beaucoup d'éditeurs est de considérer les réviseurs qu'ils embauchent comme des lecteurs normaux et de faire (re)modeler les textes qu'ils publient en fonction de leurs prescriptions. Dans les années quatre-vingt, la personne qui procédait au nettoyage de mes manuscrits avait pris l'habitude de me proposer dans les marges des formules susceptibles de remplacer celles qu'elle jugeait tarabiscotées. Quand ses conseils étaient absurdes, je me tordais de rire : supériorité des créateurs sur les spécialistes de la langue. Si, par contre, une de ses suggestions me semblait pertinente, je remaniais ma

---

69. Il arrive que certaines pages ressemblent à des champs de bataille tant elles restent marquées par les affrontements que s'y sont livrés auteur et réviseurs.

phrase de façon à en tenir compte. Ah ! je ne la recopiais jamais telle quelle, cette suggestion : originalité oblige. (Et je tergiversais parfois pendant des heures avant d'aboutir à une solution.)

Avec un peu de savoir-faire, on peut écrire un roman de six cents pages en quelques mois. Un roman bien ficelé, correct. Le rythme en sera alerte et l'intrigue haletante, l'auteur s'étant abandonné, vannes ouvertes, au flux des mots. Sera-ce un roman dégagé des modes ? Rien de moins sûr... À mes débuts, attisé par la fièvre que l'on sait, j'étais pressé de publier. Puis, avec les années, j'ai fini par me convaincre de prendre mon temps. Je ne me hâte plus. Cela me permet, sinon d'avoir un meilleur tour de main pour malaxer les ingrédients entrant dans la composition de mes récits, en tout cas de mieux laisser travailler les levains de l'inconscient. Depuis, ma phrase, il me semble, a gagné en relief et en densité. Et l'inspiration m'apparaît davantage comme un courant tellurique que comme un jaillissement liquide. Plus j'avance en âge, plus j'aime faire des brouillons. Petit à petit, cet exercice a cessé d'être une corvée pour devenir une activité qui excite l'esprit, un rituel que j'accomplis avec entrain en appelant de tous mes vœux la clémence éclairée de ce bourreau qui a élu domicile en moi et qui a pour nom autocritique. La plupart de mes textes ne commencent à répondre à mes désirs qu'entre la dixième et la quinzième version. À ce stade, bien que ce qu'ils attestent me soit familier, ils m'étonnent souvent par leur allure. Dans un processus aussi lent et aussi réfléchi que celui que je décris ici, le vrai défi est évidemment de donner à des paragraphes maintes fois retouchés une apparence de spontanéité et de fraîcheur. Toute écriture personnelle s'oppose avec passion à la banalisation des mots. Elle le fait par la recherche de l'énoncé le plus expressif et le plus achevé. En ce sens, il n'est en effet peut-être pas exagéré de parler de liturgie.

À l'origine de l'acte d'écrire, il y a toujours une révélation. Un pan de mur surgit du vide, un chien jappe dans le lointain, un homme se lève, s'étire, écarte les rideaux, etc. Et, pendant les semaines qu'on passe ensuite à consigner ces détails, alors qu'on peine et qu'on trime sur sa phrase, on a forcément la nostalgie de ces instants de magie, de ces atomes d'éternité échappés de la spirale de l'éphémère, de ces images porteuses d'énigmes – qui d'ailleurs se rapprochent beaucoup des représentations oniriques[70]. Pour que l'acte d'écrire ne s'englue pas dans la routine, on doit chaque fois qu'on s'assoit à sa table de travail retrouver l'atmosphère de cette révélation, en sentir de nouveau la charge et l'impact, recréer l'impulsion qui a tout déclenché – quitte à en changer la nature et à en troquer les thèmes au fur et à mesure que se déploieront les artifices de la narration. Ce ne sera qu'à cette condition que l'acte d'écrire restera une cérémonie vivante. (Et ce que je dis là ne s'applique pas seulement à la fiction.) Attendre d'avoir de l'inspiration pour écrire, c'est à mon avis mettre la charrue avant les bœufs. Inutile d'espérer mobiliser l'assemblée des muses derrière soi si on n'y va pas d'abord d'une phrase de son cru. Une autre suit, puis une autre, puis une autre encore – qui forment bientôt un paragraphe. S'il est trop gauche, ce paragraphe, s'il est trop disgracieux, on pourra toujours le biffer à la fin de la séance.

---

70. Les œuvres que j'apprécie le plus en tant que lecteur sont justement celles qui, par un mélange de précis et de flou, recréent ces états de conscience antérieurs au réveil où on ne sait plus si on rêve ou si on est rêvé.

L'écriture procure de grandes joies, cela est certain, de l'euphorie même, de la volupté. Mais, en général, le contentement qu'on éprouve devant une phrase qu'on a formulée avec élégance disparaît aussi vite qu'il est venu. Il est bien court, le flamboiement de la création. Il dure le temps d'imaginer une séquence, un épisode... Ce qui compte ensuite, c'est d'aligner les mots, de les frotter les uns contre les autres, de les limer jusqu'à ce que le texte soit le plus évocateur possible. Le plaisir qu'on a alors est d'ordre euphonique et concertant. S'il ne remue pas le tréfonds de l'âme, il réussit à dissiper la lassitude, les à-quoi-bon, les tentations de découragement. Il est avant tout ludique, ce plaisir. Il s'apparente moins à la jouissance qu'à la simple récréation. Bien sûr, écrire a quelque chose qui accapare l'être entier. Mais, de la même manière que le mystique n'est pas en perpétuelle adoration devant le Père, le Fils et le Paraclet (ou que le sybarite trouve à s'occuper entre deux orgasmes), l'écrivain n'est pas toujours en étroit contact avec le sublime. Si tel était le cas, ses neurones menaceraient à tout moment d'exploser. L'écrivain n'est pas toujours en contact avec le sublime, non. Trop franciscaines sont les émotions qui l'animent pour le hausser en permanence au-dessus du commun des mortels. En réalité, l'acte d'écrire a un caractère monastique.

Je n'écris pas pour être en transe. Il n'empêche que parfois de succinctes extases viennent me récompenser des maux de tête que j'attrape à suer sur mes ébauches. Je n'écris pas non plus pour mieux me comprendre. J'ai pourtant vécu des phases où m'immerger dans un long manuscrit a pris l'allure d'une psychothérapie. Sans se considérer bêtement comme un fonctionnaire des lettres, l'auteur doit composer avec les innombrables vicissitudes de la vie courante. C'est pour lui la seule façon de ne pas céder à l'autosacralisation. (Et il a, d'après moi, autant besoin d'un train-train à assumer que d'un idéal auquel rêver. N'est-ce pas dans la forte tension entre ces deux pôles que s'installe le plaisir esthétique ?) Quand j'écris, je tiens à conserver vis-à-vis de l'individu que je suis dans le civil la même distance qu'a le célébrant à l'égard de sa propre personne lors d'une cérémonie religieuse. (Office funèbre, mariage, baptême...) Autrement, je m'empêtre.

Certains jours, le bonheur d'écrire consiste à dégager un squelette de récit des notes éparses que j'ai accumulées sur un sujet – que ce soit en fignolant un premier synopsis ou en associant divers scénarios. Ainsi, d'un paragraphe, j'en fais trois ; de trois, dix ; de dix, cinquante[71]... D'autres jours, travailler le détail de ma phrase me satisfait. J'essaie autant que possible d'alterner les deux tâches. Je ne sais pas toujours sur quel pied danser mais je danse. À l'étape du débroussaillage, il me suffit parfois de mettre en rapport une fiche faite il y a une semaine avec une autre datant de trente ans pour que s'allument soudain les faisceaux de l'inspiration. Les chapitres s'élaborent en même temps que s'amalgament les notes que j'ai prises à différents moments de mon existence. Des liens organiques se révèlent... Voilà pour l'alchimie du texte.

---

71. Je connais des auteurs qui se plaignent – ou se vantent, c'est selon – d'être incapables de concevoir un plan mais qui, à partir d'une idée d'intrigue résumable en trois lignes, peuvent en quelques heures rédiger un texte de trente pages, texte qu'ils s'emploieront ensuite des mois durant à resserrer, épurer, enrichir, bonifier... Comme système, cela leur semble plus efficace que de multiplier les canevas.

Les risques que je tombe en panne dans un proche avenir sont minimes puisque mes fichiers débordent d'idées qui ne demandent qu'à entrer en concomitance. (Régulièrement d'ailleurs, je m'oblige à faire le ménage de mes tiroirs pour en retirer ce qui les encombre.) Vu les processus de création qui sont les miens, je peux vous affirmer sans craindre de me tromper que le livre que vous avez maintenant entre les mains, j'ai commencé à le chercher il y a vingt-cinq, trente ans. Si j'avais trouvé l'équivalent en librairie, l'équivalent dans le propos et dans le style, pensez-vous que je me serais donné la peine de l'écrire ? Allons donc... Imiter les autres ne m'a jamais intéressé. En fait, je me suis lancé dans la composition de cet essai pour remplir un trou dans ma bibliothèque, pour m'offrir un ouvrage que je souhaitais lire et qui n'existait pas. C'est aussi simple que cela. Les seuls livres qui méritent d'être écrits sont ceux où chaque partie qui s'ajoute à l'ensemble peut contester la légitimité du projet initial, où une page a le droit de faire table rase de celles qui l'ont précédée, où toute phrase est susceptible de mettre en péril le paragraphe qui l'accueille. Sinon où est l'intérêt pour l'auteur et le lecteur ? L'écriture s'étiole quand elle est cultivée à l'abri du danger.

En inventant un monde peuplé d'êtres créés à son image et à sa ressemblance, le romancier rivalise avec l'Éternel. En clair, il nargue la mort. Dans cette opération aussi hasardeuse que téméraire, l'essentiel est pour lui de réussir à se mesurer aux forces célestes sans trop se prendre au sérieux. Car, sous peine de s'encroûter dans l'académisme, l'écriture doit rester un geste gratuit, une action tenant à la fois du jeu et de l'exercice spirituel. Il est évident que, plus on s'y investit, plus l'écriture confine à un espace de contemplation, à un empyrée de calme et de retraite. On polit et on repolit son style pour exprimer avec audace et intelligibilité ce qu'on porte en soi mais, à la vérité, en se pliant quotidiennement à une discipline de cloîtré, ce sont les mots qu'on exalte – et cela, même les poètes qui maudissent le dictionnaire comme les athées maudissent la Bible me le concéderont. Autrement, l'inspiration court à sa perte. Ignace de Loyola a été un pionnier dans l'exploration de ce domaine. Il n'y a pas moyen de parler de créativité sans revenir, même si on en méconnaît les arcanes, à la méthode de méditation qu'a mise au point le fondateur de la Compagnie de Jésus, méthode qui a la propriété de solliciter les cinq sens. On ne peut en effet rien écrire de bon sans vouer aux mots une dévotion obstinée. L'émerveillement devant les lettres qu'ils lient et les sonorités qu'ils harmonisent est sans cesse à redécouvrir.

Les périodes d'écriture correspondent chez moi aux réclusions que les moines s'imposent pour se ressourcer[72]. Depuis que, malgré ma réputation d'enfant terrible, j'ai acquis de la maturité, non seulement maîtriser une autre langue que le français ne m'intéresse guère, mais j'essaie de désapprendre ma langue maternelle. C'est que, j'en suis persuadé, l'aisance verbale est l'ennemie de l'écriture franche et nette qui permet de percer l'écorce des choses. Quand je suis concentré sur mon texte, rien ne perturbe ma communion avec les mots, pas même les pas du facteur dans l'escalier, pas même la sonnerie du téléphone. Je fais le vide, j'abolis l'univers qui est le mien pour entrer, grâce aux indications que me fournissent mes sens, dans celui où évoluent mes personnages. Il

---

72. Pauvreté, chasteté, obéissance ? Mes retraites fermées n'ont rien d'aliénant ni de castrateur.

m'arrive cependant d'être comme les prêtres distraits qui, au milieu de leur messe, songent plus aux recettes de la quête qu'à la transsubstantiation. Ces matins-là, je doute de la sincérité de ma vocation. L'écriture est un sacerdoce, oui, et la plupart des tâches qui y sont rattachées ont ce qu'on appelle un caractère sacramentel. Malheureusement, sacraliser va souvent de pair avec mystifier et les gens qui assimilent l'écriture à un sacer-doce sont en général très prompts à considérer le texte comme un texte saint. Or, vous le savez aussi bien que moi, on ne critique pas un texte saint. Ce serait impie, ce serait blasphématoire. On le commente – mais du bout des lèvres, dans la peur constante d'être foudroyé par la colère divine. Je n'aime pas cette croyance en un texte intouchable. Je n'aime pas non plus l'idée que j'ap-partiendrais à une caste soumise à une foule d'interdits. Je préfère, non sans orgueil, me voir comme un auteur qui fait avec ce qu'il a. De toute façon, dès que je prends un peu de recul pour vérifier la qualité de ma prose, c'est le lecteur en moi qui se met au travail. Paradoxalement, plus je les peaufine, moins mes textes sont l'œuvre d'un auteur. Le lecteur en moi finit en effet par occuper toute la place. Et les livres que je publie, n'est-ce pas en défi-nitive le lecteur qui les signe ?

TABLE

DU MÊME AUTEUR

Ruches, Leméac, 1978
Terminus, Leméac, 1979
Angoisse play, Leméac, 1980
Le Champion de cinq heures moins dix, Leméac, 1980
Rétroviseurs, Leméac, 1982
Beaux Draps, Boréal, 1987
La Semaine du contrat, Boréal, 1988
L'Accident du rang Saint-Roch, Boréal, 1991
Bon à tirer, Boréal, 1993
On a raison de faire le caméléon, Leméac, 1999

JEUNESSE

Une journée dans la vie de Craquelin 1er, roi de Soupe-au-lait,
Leméac, 1981
Drôle de pique-nique pour le roi Craquelin, Leméac, 1982
Le Nombril du monde, la courte échelle, 1990
Libre comme l'air, la courte échelle, 1990
Les Grandes Confidences, la courte échelle, 1991
Des photos qui parlent, la courte échelle, 1991
Des pianos qui s'envolent, la courte échelle, 1992
Des crayons qui trichent, la courte échelle, 1993
Les mots font la grève, la courte échelle, 1999